THIS JOURNAL BELONGS TO:

_____

_____

_____

_____

_____

Take a moment each day to write about your son or daughter, just a line or two. With this "One line a day 5 year journal" you'll experience a new way to keep your memories for the years to come.

HOW IT WORKS:

Every day has 5 lined spaces to write in the year (for ex; 2020) and your daily thoughts. After one year, you will enter the current year (for ex: 2021) and your memories, and so on for 5 years.
As the years pass by, you'll have the opportunity to read and compare where you were at the previous year(s) and therefore how much you and your child have experienced,, grown and changed.
It is more than a Journal, it is 5 years of your life in a book, one line a day...

01 JANUARY

Year 20 _____

_____
_____
_____
_____
_____

Year 20 _____

_____
_____
_____
_____
_____

Year 20 _____

_____
_____
_____
_____

Year 20 _____

_____
_____
_____
_____

Year 20 _____

_____
_____
_____
_____

02 JANUARY

Year 20 _____

_____

Year 20 _____

_____

Year 20 _____

_____

Year 20 _____

_____

Year 20 _____

_____

03 JANUARY

Year 20_____

_____
_____
_____
_____
_____

Year 20_____

_____
_____
_____
_____
_____

Year 20_____

_____
_____
_____
_____
_____

Year 20_____

_____
_____
_____
_____
_____

Year 20_____

_____
_____
_____
_____
_____

04 JANUARY

Year 20 _____

_____

_____

_____

_____

Year 20 _____

_____

_____

_____

_____

Year 20 _____

_____

_____

_____

_____

Year 20 _____

_____

_____

_____

_____

Year 20 _____

_____

_____

_____

_____

05 JANUARY

Year 20 _____

_____
_____
_____
_____
_____

Year 20 _____

_____
_____
_____
_____
_____

Year 20 _____

_____
_____
_____
_____
_____

Year 20 _____

_____
_____
_____
_____

Year 20 _____

_____
_____
_____
_____

06 JANUARY

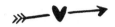

Year 20 _____

_____
_____
_____
_____
_____

Year 20 _____

_____
_____
_____
_____
_____

Year 20 _____

_____
_____
_____
_____
_____

Year 20 _____

_____
_____
_____
_____
_____

Year 20 _____

_____
_____
_____
_____
_____

07 JANUARY

Year 20 _____

_____
_____
_____
_____
_____

Year 20 _____

_____
_____
_____
_____

Year 20 _____

_____
_____
_____
_____

Year 20 _____

_____
_____
_____
_____

Year 20 _____

_____
_____
_____
_____

08 JANUARY

Year 20 _____

_____
_____
_____
_____
_____

Year 20 _____

_____
_____
_____
_____
_____

Year 20 _____

_____
_____
_____
_____
_____

Year 20 _____

_____
_____
_____
_____
_____

Year 20 _____

_____
_____
_____
_____

09 JANUARY

Year 20 _____

_____
_____
_____
_____

Year 20 _____

_____
_____
_____
_____

Year 20 _____

_____
_____
_____
_____

Year 20 _____

_____
_____
_____
_____

Year 20 _____

_____
_____
_____
_____

10 JANUARY

Year 20____

_____
_____
_____
_____
_____

Year 20____

_____
_____
_____
_____
_____

Year 20____

_____
_____
_____
_____
_____

Year 20____

_____
_____
_____
_____
_____

Year 20____

_____
_____
_____
_____
_____

11 JANUARY

Year 20 _____

_____
_____
_____
_____

Year 20 _____

_____
_____
_____
_____

Year 20 _____

_____
_____
_____
_____

Year 20 _____

_____
_____
_____
_____

Year 20 _____

_____
_____
_____
_____

12 JANUARY

Year 20_____

_____
_____
_____
_____

Year 20_____

_____
_____
_____
_____

Year 20_____

_____
_____
_____
_____

Year 20_____

_____
_____
_____
_____

Year 20_____

_____
_____
_____
_____

13 JANUARY

Year 20_____

_____
_____
_____
_____
_____

Year 20_____

_____
_____
_____
_____

Year 20_____

_____
_____
_____
_____

Year 20_____

_____
_____
_____
_____

Year 20_____

_____
_____
_____
_____

14 JANUARY

Year 20 _____

_____
_____
_____
_____

Year 20 _____

_____
_____
_____
_____

Year 20 _____

_____
_____
_____
_____

Year 20 _____

_____
_____
_____
_____

Year 20 _____

_____
_____
_____
_____

15 JANUARY

Year 20 _____

_____
_____
_____
_____
_____

Year 20 _____

_____
_____
_____
_____
_____

Year 20 _____

_____
_____
_____
_____
_____

Year 20 _____

_____
_____
_____
_____
_____

Year 20 _____

_____
_____
_____
_____

16 JANUARY

Year 20 _____

_____
_____
_____
_____
_____

Year 20 _____

_____
_____
_____
_____
_____

Year 20 _____

_____
_____
_____
_____
_____

Year 20 _____

_____
_____
_____
_____
_____

Year 20 _____

_____
_____
_____
_____
_____

17 JANUARY

Year 20____

_____

_____

_____

_____

Year 20____

_____

_____

_____

_____

Year 20____

_____

_____

_____

_____

Year 20____

_____

_____

_____

_____

Year 20____

_____

_____

_____

_____

18 JANUARY

Year 20 _____

_____
_____
_____
_____

Year 20 _____

_____
_____
_____
_____

Year 20 _____

_____
_____
_____
_____

Year 20 _____

_____
_____
_____
_____

Year 20 _____

_____
_____
_____
_____

19 JANUARY

Year 20

Year 20

Year 20

Year 20

Year 20

20 JANUARY

Year 20 _____

_____
_____
_____
_____

Year 20 _____

_____
_____
_____
_____

Year 20 _____

_____
_____
_____
_____

Year 20 _____

_____
_____
_____
_____

Year 20 _____

_____
_____
_____
_____

21 JANUARY

Year 20____

Year 20____

Year 20____

Year 20____

Year 20____

22 JANUARY

Year 20 _____

_____
_____
_____
_____

Year 20 _____

_____
_____
_____
_____

Year 20 _____

_____
_____
_____
_____

Year 20 _____

_____
_____
_____
_____

Year 20 _____

_____
_____
_____
_____

23 JANUARY

Year 20 ____

Year 20 ____

Year 20 ____

Year 20 ____

Year 20 ____

24 JANUARY

Year 20＿＿＿

_____
_____
_____
_____

Year 20＿＿＿

_____
_____
_____
_____

Year 20＿＿＿

_____
_____
_____
_____

Year 20＿＿＿

_____
_____
_____
_____

Year 20＿＿＿

_____
_____
_____
_____

25 JANUARY

Year 20 _____

_____
_____
_____
_____
_____

Year 20 _____

_____
_____
_____
_____

Year 20 _____

_____
_____
_____
_____

Year 20 _____

_____
_____
_____
_____

Year 20 _____

_____
_____
_____
_____

26 JANUARY

Year 20 _____

Year 20 _____

Year 20 _____

Year 20 _____

Year 20 _____

27 JANUARY

Year 20 ____

_____
_____
_____
_____
_____

Year 20 ____

_____
_____
_____
_____
_____

Year 20 ____

_____
_____
_____
_____
_____

Year 20 ____

_____
_____
_____
_____
_____

Year 20 ____

_____
_____
_____
_____
_____

28 JANUARY

♥

Year 20____

_____
_____
_____
_____
_____

Year 20____

_____
_____
_____
_____
_____

Year 20____

_____
_____
_____
_____
_____

Year 20____

_____
_____
_____
_____
_____

Year 20____

_____
_____
_____
_____
_____

29 JANUARY

Year 20 _____

_____
_____
_____
_____
_____

Year 20 _____

_____
_____
_____
_____
_____

Year 20 _____

_____
_____
_____
_____
_____

Year 20 _____

_____
_____
_____
_____
_____

Year 20 _____

_____
_____
_____
_____
_____

30 JANUARY

Year 20_____

_____
_____
_____
_____

Year 20_____

_____
_____
_____
_____

Year 20_____

_____
_____
_____
_____

Year 20_____

_____
_____
_____
_____

Year 20_____

_____
_____
_____
_____

31 JANUARY

Year 20 ____

_____
_____
_____
_____
_____

Year 20 ____

_____
_____
_____
_____
_____

Year 20 ____

_____
_____
_____
_____
_____

Year 20 ____

_____
_____
_____
_____
_____

Year 20 ____

_____
_____
_____
_____
_____

01 FEBRUARY

Year 20____

_____
_____
_____
_____

Year 20____

_____
_____
_____
_____

Year 20____

_____
_____
_____
_____

Year 20____

_____
_____
_____
_____

Year 20____

_____
_____
_____
_____

02 FEBRUARY

Year 20 _____

_____
_____
_____
_____

Year 20 _____

_____
_____
_____
_____

Year 20 _____

_____
_____
_____
_____

Year 20 _____

_____
_____
_____
_____

Year 20 _____

_____
_____
_____
_____

03 FEBRUARY

Year 20 _____

_____
_____
_____
_____

Year 20 _____

_____
_____
_____
_____

Year 20 _____

_____
_____
_____
_____

Year 20 _____

_____
_____
_____
_____

Year 20 _____

_____
_____
_____
_____

04 FEBRUARY

Year 20 _____

_____
_____
_____
_____
_____

Year 20 _____

_____
_____
_____
_____
_____

Year 20 _____

_____
_____
_____
_____
_____

Year 20 _____

_____
_____
_____
_____

Year 20 _____

_____
_____
_____
_____

05 FEBRUARY

Year 20 _____

_____
_____
_____
_____
_____

Year 20 _____

_____
_____
_____
_____
_____

Year 20 _____

_____
_____
_____
_____
_____

Year 20 _____

_____
_____
_____
_____

Year 20 _____

_____
_____
_____
_____

06 FEBRUARY

Year 20 _____

_____
_____
_____
_____
_____

Year 20 _____

_____
_____
_____
_____

Year 20 _____

_____
_____
_____
_____

Year 20 _____

_____
_____
_____
_____

Year 20 _____

_____
_____
_____
_____

07 FEBRUARY

Year 20 _____

_____

Year 20 _____

_____

Year 20 _____

_____

Year 20 _____

_____

Year 20 _____

_____

08 FEBRUARY

Year 20 _____

_____
_____
_____
_____
_____

Year 20 _____

_____
_____
_____
_____
_____

Year 20 _____

_____
_____
_____
_____
_____

Year 20 _____

_____
_____
_____
_____
_____

Year 20 _____

_____
_____
_____
_____

09 FEBRUARY

Year 20 _____

_____
_____
_____
_____

Year 20 _____

_____
_____
_____
_____

Year 20 _____

_____
_____
_____
_____

Year 20 _____

_____
_____
_____
_____

Year 20 _____

_____
_____
_____
_____

10 FEBRUARY

Year 20 _____

_____
_____
_____
_____

Year 20 _____

_____
_____
_____
_____

Year 20 _____

_____
_____
_____
_____

Year 20 _____

_____
_____
_____
_____

Year 20 _____

_____
_____
_____
_____

11 FEBRUARY

Year 20____

_____
_____
_____
_____
_____

Year 20____

_____
_____
_____
_____
_____

Year 20____

_____
_____
_____
_____
_____

Year 20____

_____
_____
_____
_____
_____

Year 20____

_____
_____
_____
_____

12 FEBRUARY

Year 20 _____

_____
_____
_____
_____
_____

Year 20 _____

_____
_____
_____
_____
_____

Year 20 _____

_____
_____
_____
_____
_____

Year 20 _____

_____
_____
_____
_____
_____

Year 20 _____

_____
_____
_____
_____
_____

13 FEBRUARY

Year 20____

_____
_____
_____
_____
_____

Year 20____

_____
_____
_____
_____
_____

Year 20____

_____
_____
_____
_____
_____

Year 20____

_____
_____
_____
_____
_____

Year 20____

_____
_____
_____
_____
_____

14 FEBRUARY

Year 20 _____

_____
_____
_____
_____
_____

Year 20 _____

_____
_____
_____
_____
_____

Year 20 _____

_____
_____
_____
_____
_____

Year 20 _____

_____
_____
_____
_____
_____

Year 20 _____

_____
_____
_____
_____
_____

15 FEBRUARY

Year 20 _____

_____
_____
_____
_____
_____

Year 20 _____

_____
_____
_____
_____
_____

Year 20 _____

_____
_____
_____
_____
_____

Year 20 _____

_____
_____
_____
_____
_____

Year 20 _____

_____
_____
_____
_____
_____

16 FEBRUARY

Year 20 _____

_____
_____
_____
_____
_____

Year 20 _____

_____
_____
_____
_____
_____

Year 20 _____

_____
_____
_____
_____
_____

Year 20 _____

_____
_____
_____
_____
_____

Year 20 _____

_____
_____
_____
_____
_____

17 FEBRUARY

Year 20____

_____
_____
_____
_____

Year 20____

_____
_____
_____
_____

Year 20____

_____
_____
_____
_____

Year 20____

_____
_____
_____
_____

Year 20____

_____
_____
_____
_____

18 FEBRUARY

Year 20 _____

_____
_____
_____
_____

Year 20 _____

_____
_____
_____
_____

Year 20 _____

_____
_____
_____
_____

Year 20 _____

_____
_____
_____
_____

Year 20 _____

_____
_____
_____
_____

19 FEBRUARY

Year 20 _____

_____
_____
_____
_____
_____

Year 20 _____

_____
_____
_____
_____

Year 20 _____

_____
_____
_____
_____

Year 20 _____

_____
_____
_____
_____

Year 20 _____

_____
_____
_____
_____

20 FEBRUARY

Year 20 _____

_____
_____
_____
_____

Year 20 _____

_____
_____
_____
_____

Year 20 _____

_____
_____
_____
_____

Year 20 _____

_____
_____
_____
_____

Year 20 _____

_____
_____
_____
_____

21 FEBRUARY

Year 20 _____

_____
_____
_____
_____
_____

Year 20 _____

_____
_____
_____
_____
_____

Year 20 _____

_____
_____
_____
_____
_____

Year 20 _____

_____
_____
_____
_____
_____

Year 20 _____

_____
_____
_____
_____
_____

22 FEBRUARY

Year 20 _____

_____
_____
_____
_____
_____

Year 20 _____

_____
_____
_____
_____

Year 20 _____

_____
_____
_____
_____

Year 20 _____

_____
_____
_____
_____

Year 20 _____

_____
_____
_____
_____

23 FEBRUARY

Year 20 _____

_____
_____
_____
_____
_____

Year 20 _____

_____
_____
_____
_____
_____

Year 20 _____

_____
_____
_____
_____
_____

Year 20 _____

_____
_____
_____
_____
_____

Year 20 _____

_____
_____
_____
_____
_____

24 FEBRUARY

Year 20 _____

_____
_____
_____
_____
_____

Year 20 _____

_____
_____
_____
_____

Year 20 _____

_____
_____
_____
_____

Year 20 _____

_____
_____
_____
_____

Year 20 _____

_____
_____
_____
_____

25 FEBRUARY

Year 20____

Year 20____

Year 20____

Year 20____

Year 20____

26 FEBRUARY

Year 20 _____

_____
_____
_____
_____
_____

Year 20 _____

_____
_____
_____
_____
_____

Year 20 _____

_____
_____
_____
_____
_____

Year 20 _____

_____
_____
_____
_____
_____

Year 20 _____

_____
_____
_____
_____
_____

27 FEBRUARY

Year 20_____

_____
_____
_____
_____
_____

Year 20_____

_____
_____
_____
_____
_____

Year 20_____

_____
_____
_____
_____
_____

Year 20_____

_____
_____
_____
_____
_____

Year 20_____

_____
_____
_____
_____
_____

28 FEBRUARY

Year 20 _____

_____

Year 20 _____

_____

Year 20 _____

_____

Year 20 _____

_____

Year 20 _____

_____

29 FEBRUARY

Year 20_____

_____
_____
_____
_____
_____

Year 20_____

_____
_____
_____
_____
_____

Year 20_____

_____
_____
_____
_____
_____

Year 20_____

_____
_____
_____
_____
_____

Year 20_____

_____
_____
_____
_____
_____

01 MARCH

Year 20 _____

_____
_____
_____
_____
_____

Year 20 _____

_____
_____
_____
_____

Year 20 _____

_____
_____
_____
_____

Year 20 _____

_____
_____
_____
_____

Year 20 _____

_____
_____
_____
_____

02 MARCH

Year 20 _____

_____
_____
_____
_____
_____

Year 20 _____

_____
_____
_____
_____

Year 20 _____

_____
_____
_____
_____

Year 20 _____

_____
_____
_____
_____

Year 20 _____

_____
_____
_____
_____

03 MARCH

♥

Year 20 ___

_____
_____
_____
_____
_____

Year 20 ___

_____
_____
_____
_____
_____

Year 20 ___

_____
_____
_____
_____
_____

Year 20 ___

_____
_____
_____
_____
_____

Year 20 ___

_____
_____
_____
_____
_____

04 MARCH

Year 20 _____

_____
_____
_____
_____
_____

Year 20 _____

_____
_____
_____
_____

Year 20 _____

_____
_____
_____
_____

Year 20 _____

_____
_____
_____
_____

Year 20 _____

_____
_____
_____
_____

05 MARCH

Year 20____

_____
_____
_____
_____

Year 20____

_____
_____
_____
_____

Year 20____

_____
_____
_____
_____

Year 20____

_____
_____
_____
_____

Year 20____

_____
_____
_____
_____

06 MARCH

Year 20____

_____
_____
_____
_____
_____

Year 20____

_____
_____
_____
_____
_____

Year 20____

_____
_____
_____
_____
_____

Year 20____

_____
_____
_____
_____
_____

Year 20____

_____
_____
_____
_____
_____

07 MARCH

Year 20____

_____
_____
_____
_____

Year 20____

_____
_____
_____

Year 20____

_____
_____
_____

Year 20____

_____
_____
_____

Year 20____

_____
_____
_____
_____

08 MARCH

Year 20 _____

_____

Year 20 _____

_____

Year 20 _____

_____

Year 20 _____

_____

Year 20 _____

_____

09 MARCH

Year 20 _____

_____
_____
_____
_____

Year 20 _____

_____
_____
_____
_____

Year 20 _____

_____
_____
_____
_____

Year 20 _____

_____
_____
_____
_____

Year 20 _____

_____
_____
_____
_____

10 MARCH

♥

Year 20____

_____
_____
_____
_____
_____

Year 20____

_____
_____
_____
_____
_____

Year 20____

_____
_____
_____
_____
_____

Year 20____

_____
_____
_____
_____
_____

Year 20____

_____
_____
_____
_____
_____

11 MARCH

Year 20 _____

_____
_____
_____
_____
_____

Year 20 _____

_____
_____
_____
_____

Year 20 _____

_____
_____
_____
_____

Year 20 _____

_____
_____
_____
_____

Year 20 _____

_____
_____
_____
_____

12 MARCH

Year 20 _____

_____
_____
_____
_____

Year 20 _____

_____
_____
_____
_____

Year 20 _____

_____
_____
_____
_____

Year 20 _____

_____
_____
_____
_____

Year 20 _____

_____
_____
_____
_____

13 MARCH

Year 20 _____

_____
_____
_____
_____
_____

Year 20 _____

_____
_____
_____
_____
_____

Year 20 _____

_____
_____
_____
_____
_____

Year 20 _____

_____
_____
_____
_____
_____

Year 20 _____

_____
_____
_____
_____
_____

14 MARCH

Year 20 _____

_____
_____
_____
_____
_____

Year 20 _____

_____
_____
_____
_____

Year 20 _____

_____
_____
_____
_____

Year 20 _____

_____
_____
_____
_____

Year 20 _____

_____
_____
_____
_____

15 MARCH

Year 20 _____

_____
_____
_____
_____
_____

Year 20 _____

_____
_____
_____
_____

Year 20 _____

_____
_____
_____
_____

Year 20 _____

_____
_____
_____
_____

Year 20 _____

_____
_____
_____
_____
_____

16 MARCH

Year 20____

_____
_____
_____
_____

Year 20____

_____
_____
_____
_____

Year 20____

_____
_____
_____
_____

Year 20____

_____
_____
_____
_____

Year 20____

_____
_____
_____
_____

17 MARCH

Year 20 _____

_____
_____
_____
_____
_____

Year 20 _____

_____
_____
_____
_____
_____

Year 20 _____

_____
_____
_____
_____
_____

Year 20 _____

_____
_____
_____
_____
_____

Year 20 _____

_____
_____
_____
_____
_____

18 MARCH

Year 20 _____

_____
_____
_____
_____
_____

Year 20 _____

_____
_____
_____
_____
_____

Year 20 _____

_____
_____
_____
_____
_____

Year 20 _____

_____
_____
_____
_____
_____

Year 20 _____

_____
_____
_____
_____
_____

19 MARCH

Year 20＿＿

Year 20＿＿

Year 20＿＿

Year 20＿＿

Year 20＿＿

20 MARCH

Year 20 _____

_____

_____

_____

_____

_____

Year 20 _____

_____

_____

_____

_____

Year 20 _____

_____

_____

_____

_____

Year 20 _____

_____

_____

_____

_____

Year 20 _____

_____

_____

_____

_____

21 MARCH

Year 20 _____

Year 20 _____

Year 20 _____

Year 20 _____

Year 20 _____

---

22 MARCH

Year 20_____

_____
_____
_____
_____
_____

Year 20_____

_____
_____
_____
_____
_____

Year 20_____

_____
_____
_____
_____
_____

Year 20_____

_____
_____
_____
_____
_____

Year 20_____

_____
_____
_____
_____
_____

23 MARCH

Year 20 _____

_____
_____
_____
_____

Year 20 _____

_____
_____
_____
_____

Year 20 _____

_____
_____
_____
_____

Year 20 _____

_____
_____
_____
_____

Year 20 _____

_____
_____
_____
_____

24 MARCH

♥

Year 20 _____

_____
_____
_____
_____
_____

Year 20 _____

_____
_____
_____
_____
_____

Year 20 _____

_____
_____
_____
_____
_____

Year 20 _____

_____
_____
_____
_____
_____

Year 20 _____

_____
_____
_____
_____

25 MARCH

Year 20 _____

_____
_____
_____
_____
_____

Year 20 _____

_____
_____
_____
_____

Year 20 _____

_____
_____
_____
_____

Year 20 _____

_____
_____
_____
_____

Year 20 _____

_____
_____
_____
_____

26 MARCH

Year 20 _____

_____

Year 20 _____

_____

Year 20 _____

_____

Year 20 _____

_____

Year 20 _____

_____

27 MARCH

Year 20____

_____
_____
_____
_____

Year 20____

_____
_____
_____
_____

Year 20____

_____
_____
_____
_____

Year 20____

_____
_____
_____
_____

Year 20____

_____
_____
_____
_____

28 MARCH

Year 20 _____

_____
_____
_____
_____
_____

Year 20 _____

_____
_____
_____
_____
_____

Year 20 _____

_____
_____
_____
_____
_____

Year 20 _____

_____
_____
_____
_____
_____

Year 20 _____

_____
_____
_____
_____
_____

29 MARCH

Year 20 ____

_____
_____
_____
_____
_____

Year 20 ____

_____
_____
_____
_____
_____

Year 20 ____

_____
_____
_____
_____
_____

Year 20 ____

_____
_____
_____
_____
_____

Year 20 ____

_____
_____
_____
_____
_____

30 MARCH

Year 20_____

_____
_____
_____
_____
_____

Year 20_____

_____
_____
_____
_____
_____

Year 20_____

_____
_____
_____
_____
_____

Year 20_____

_____
_____
_____
_____
_____

Year 20_____

_____
_____
_____
_____
_____

31 MARCH

Year 20＿＿＿

_____
_____
_____
_____

Year 20＿＿＿

_____
_____
_____
_____

Year 20＿＿＿

_____
_____
_____
_____

Year 20＿＿＿

_____
_____
_____
_____

Year 20＿＿＿

_____
_____
_____
_____

01 APRIL

Year 20 _____

_____
_____
_____
_____
_____

Year 20 _____

_____
_____
_____
_____
_____

Year 20 _____

_____
_____
_____
_____
_____

Year 20 _____

_____
_____
_____
_____
_____

Year 20 _____

_____
_____
_____
_____
_____

02 APRIL

Year 20 _____

_____
_____
_____
_____

Year 20 _____

_____
_____
_____
_____

Year 20 _____

_____
_____
_____
_____

Year 20 _____

_____
_____
_____
_____

Year 20 _____

_____
_____
_____
_____

03 APRIL

Year 20____

_____
_____
_____
_____

Year 20____

_____
_____
_____
_____

Year 20____

_____
_____
_____
_____

Year 20____

_____
_____
_____
_____

Year 20____

_____
_____
_____
_____

04 APRIL

Year 20____

_____
_____
_____
_____
_____

Year 20____

_____
_____
_____
_____

Year 20____

_____
_____
_____
_____

Year 20____

_____
_____
_____
_____

Year 20____

_____
_____
_____
_____

05 APRIL

Year 20 _____

_____
_____
_____
_____
_____

Year 20 _____

_____
_____
_____
_____
_____

Year 20 _____

_____
_____
_____
_____

Year 20 _____

_____
_____
_____
_____

Year 20 _____

_____
_____
_____
_____

06 APRIL

Year 20 _____

_____
_____
_____
_____

Year 20 _____

_____
_____
_____
_____

Year 20 _____

_____
_____
_____
_____

Year 20 _____

_____
_____
_____
_____

Year 20 _____

_____
_____
_____
_____

07 APRIL

Year 20 _____

_____

Year 20 _____

_____

Year 20 _____

_____

Year 20 _____

_____

Year 20 _____

_____

08 APRIL

Year 20 _____

_____
_____
_____
_____
_____

Year 20 _____

_____
_____
_____
_____
_____

Year 20 _____

_____
_____
_____
_____
_____

Year 20 _____

_____
_____
_____
_____
_____

Year 20 _____

_____
_____
_____
_____
_____

09 APRIL

Year 20____

_____
_____
_____
_____

Year 20____

_____
_____
_____
_____

Year 20____

_____
_____
_____
_____

Year 20____

_____
_____
_____
_____

Year 20____

_____
_____
_____
_____

10 APRIL

Year 20 _____

_____
_____
_____
_____

Year 20 _____

_____
_____
_____
_____

Year 20 _____

_____
_____
_____
_____

Year 20 _____

_____
_____
_____
_____

Year 20 _____

_____
_____
_____
_____

11 APRIL

Year 20 _____

_____
_____
_____
_____

Year 20 _____

_____
_____
_____
_____

Year 20 _____

_____
_____
_____
_____

Year 20 _____

_____
_____
_____
_____

Year 20 _____

_____
_____
_____
_____

12 APRIL

Year 20____

_____
_____
_____
_____
_____

Year 20____

_____
_____
_____
_____
_____

Year 20____

_____
_____
_____
_____
_____

Year 20____

_____
_____
_____
_____
_____

Year 20____

_____
_____
_____
_____
_____

13 APRIL

Year 20 ⎯⎯

⎯⎯⎯⎯⎯⎯⎯⎯⎯⎯⎯⎯⎯⎯⎯⎯⎯⎯⎯⎯⎯⎯⎯⎯⎯⎯⎯⎯⎯⎯⎯
⎯⎯⎯⎯⎯⎯⎯⎯⎯⎯⎯⎯⎯⎯⎯⎯⎯⎯⎯⎯⎯⎯⎯⎯⎯⎯⎯⎯⎯⎯⎯
⎯⎯⎯⎯⎯⎯⎯⎯⎯⎯⎯⎯⎯⎯⎯⎯⎯⎯⎯⎯⎯⎯⎯⎯⎯⎯⎯⎯⎯⎯⎯
⎯⎯⎯⎯⎯⎯⎯⎯⎯⎯⎯⎯⎯⎯⎯⎯⎯⎯⎯⎯⎯⎯⎯⎯⎯⎯⎯⎯⎯⎯⎯
⎯⎯⎯⎯⎯⎯⎯⎯⎯⎯⎯⎯⎯⎯⎯⎯⎯⎯⎯⎯⎯⎯⎯⎯⎯⎯⎯⎯⎯⎯⎯

Year 20 ⎯⎯

⎯⎯⎯⎯⎯⎯⎯⎯⎯⎯⎯⎯⎯⎯⎯⎯⎯⎯⎯⎯⎯⎯⎯⎯⎯⎯⎯⎯⎯⎯⎯
⎯⎯⎯⎯⎯⎯⎯⎯⎯⎯⎯⎯⎯⎯⎯⎯⎯⎯⎯⎯⎯⎯⎯⎯⎯⎯⎯⎯⎯⎯⎯
⎯⎯⎯⎯⎯⎯⎯⎯⎯⎯⎯⎯⎯⎯⎯⎯⎯⎯⎯⎯⎯⎯⎯⎯⎯⎯⎯⎯⎯⎯⎯
⎯⎯⎯⎯⎯⎯⎯⎯⎯⎯⎯⎯⎯⎯⎯⎯⎯⎯⎯⎯⎯⎯⎯⎯⎯⎯⎯⎯⎯⎯⎯
⎯⎯⎯⎯⎯⎯⎯⎯⎯⎯⎯⎯⎯⎯⎯⎯⎯⎯⎯⎯⎯⎯⎯⎯⎯⎯⎯⎯⎯⎯⎯

Year 20 ⎯⎯

⎯⎯⎯⎯⎯⎯⎯⎯⎯⎯⎯⎯⎯⎯⎯⎯⎯⎯⎯⎯⎯⎯⎯⎯⎯⎯⎯⎯⎯⎯⎯
⎯⎯⎯⎯⎯⎯⎯⎯⎯⎯⎯⎯⎯⎯⎯⎯⎯⎯⎯⎯⎯⎯⎯⎯⎯⎯⎯⎯⎯⎯⎯
⎯⎯⎯⎯⎯⎯⎯⎯⎯⎯⎯⎯⎯⎯⎯⎯⎯⎯⎯⎯⎯⎯⎯⎯⎯⎯⎯⎯⎯⎯⎯
⎯⎯⎯⎯⎯⎯⎯⎯⎯⎯⎯⎯⎯⎯⎯⎯⎯⎯⎯⎯⎯⎯⎯⎯⎯⎯⎯⎯⎯⎯⎯
⎯⎯⎯⎯⎯⎯⎯⎯⎯⎯⎯⎯⎯⎯⎯⎯⎯⎯⎯⎯⎯⎯⎯⎯⎯⎯⎯⎯⎯⎯⎯

Year 20 ⎯⎯

⎯⎯⎯⎯⎯⎯⎯⎯⎯⎯⎯⎯⎯⎯⎯⎯⎯⎯⎯⎯⎯⎯⎯⎯⎯⎯⎯⎯⎯⎯⎯
⎯⎯⎯⎯⎯⎯⎯⎯⎯⎯⎯⎯⎯⎯⎯⎯⎯⎯⎯⎯⎯⎯⎯⎯⎯⎯⎯⎯⎯⎯⎯
⎯⎯⎯⎯⎯⎯⎯⎯⎯⎯⎯⎯⎯⎯⎯⎯⎯⎯⎯⎯⎯⎯⎯⎯⎯⎯⎯⎯⎯⎯⎯
⎯⎯⎯⎯⎯⎯⎯⎯⎯⎯⎯⎯⎯⎯⎯⎯⎯⎯⎯⎯⎯⎯⎯⎯⎯⎯⎯⎯⎯⎯⎯
⎯⎯⎯⎯⎯⎯⎯⎯⎯⎯⎯⎯⎯⎯⎯⎯⎯⎯⎯⎯⎯⎯⎯⎯⎯⎯⎯⎯⎯⎯⎯

Year 20 ⎯⎯

⎯⎯⎯⎯⎯⎯⎯⎯⎯⎯⎯⎯⎯⎯⎯⎯⎯⎯⎯⎯⎯⎯⎯⎯⎯⎯⎯⎯⎯⎯⎯
⎯⎯⎯⎯⎯⎯⎯⎯⎯⎯⎯⎯⎯⎯⎯⎯⎯⎯⎯⎯⎯⎯⎯⎯⎯⎯⎯⎯⎯⎯⎯
⎯⎯⎯⎯⎯⎯⎯⎯⎯⎯⎯⎯⎯⎯⎯⎯⎯⎯⎯⎯⎯⎯⎯⎯⎯⎯⎯⎯⎯⎯⎯
⎯⎯⎯⎯⎯⎯⎯⎯⎯⎯⎯⎯⎯⎯⎯⎯⎯⎯⎯⎯⎯⎯⎯⎯⎯⎯⎯⎯⎯⎯⎯

14 APRIL

Year 20＿＿＿

_____
_____
_____
_____
_____

Year 20＿＿＿

_____
_____
_____
_____
_____

Year 20＿＿＿

_____
_____
_____
_____
_____

Year 20＿＿＿

_____
_____
_____
_____
_____

Year 20＿＿＿

_____
_____
_____
_____
_____

15 APRIL

Year 20 _____

_____
_____
_____
_____
_____

Year 20 _____

_____
_____
_____
_____

Year 20 _____

_____
_____
_____
_____

Year 20 _____

_____
_____
_____
_____

Year 20 _____

_____
_____
_____
_____

16 APRIL

Year 20 _____

_____
_____
_____
_____
_____

Year 20 _____

_____
_____
_____
_____

Year 20 _____

_____
_____
_____
_____

Year 20 _____

_____
_____
_____
_____

Year 20 _____

_____
_____
_____
_____

17 APRIL

Year 20____

_____
_____
_____
_____
_____

Year 20____

_____
_____
_____
_____
_____

Year 20____

_____
_____
_____
_____
_____

Year 20____

_____
_____
_____
_____
_____

Year 20____

_____
_____
_____
_____

18 APRIL

Year 20_____

_____
_____
_____
_____
_____
_____

Year 20_____

_____
_____
_____
_____
_____

Year 20_____

_____
_____
_____
_____
_____

Year 20_____

_____
_____
_____
_____
_____

Year 20_____

_____
_____
_____
_____

19 APRIL

Year 20 ___

Year 20 ___

Year 20 ___

Year 20 ___

Year 20 ___

20 APRIL

Year 20____

_____
_____
_____
_____
_____

Year 20____

_____
_____
_____
_____
_____

Year 20____

_____
_____
_____
_____
_____

Year 20____

_____
_____
_____
_____
_____

Year 20____

_____
_____
_____
_____
_____

21 APRIL

Year 20＿＿＿

Year 20＿＿＿

Year 20＿＿＿

Year 20＿＿＿

Year 20＿＿＿

22 APRIL

Year 20 _____

_____
_____
_____
_____
_____

Year 20 _____

_____
_____
_____
_____
_____

Year 20 _____

_____
_____
_____
_____
_____

Year 20 _____

_____
_____
_____
_____
_____

Year 20 _____

_____
_____
_____
_____
_____

23 APRIL

Year 20 _____

_____
_____
_____
_____

Year 20 _____

_____
_____
_____
_____

Year 20 _____

_____
_____
_____
_____

Year 20 _____

_____
_____
_____
_____

Year 20 _____

_____
_____
_____
_____

24 APRIL

Year 20 _____

_____
_____
_____
_____

Year 20 _____

_____
_____
_____
_____

Year 20 _____

_____
_____
_____
_____

Year 20 _____

_____
_____
_____
_____

Year 20 _____

_____
_____
_____
_____

25 APRIL

Year 20____

_____

Year 20____

_____

Year 20____

_____

Year 20____

_____

Year 20____

_____

26 APRIL

Year 20_____

_____
_____
_____
_____

Year 20_____

_____
_____
_____
_____

Year 20_____

_____
_____
_____
_____

Year 20_____

_____
_____
_____
_____

Year 20_____

_____
_____
_____
_____

27 APRIL

Year 20____

_____
_____
_____
_____
_____

Year 20____

_____
_____
_____
_____
_____

Year 20____

_____
_____
_____
_____
_____

Year 20____

_____
_____
_____
_____
_____

Year 20____

_____
_____
_____
_____
_____

28 APRIL

Year 20 _____

_____
_____
_____
_____
_____

Year 20 _____

_____
_____
_____
_____
_____

Year 20 _____

_____
_____
_____
_____
_____

Year 20 _____

_____
_____
_____
_____
_____

Year 20 _____

_____
_____
_____
_____
_____

29 APRIL

Year 20 _____

_____
_____
_____
_____
_____

Year 20 _____

_____
_____
_____
_____

Year 20 _____

_____
_____
_____
_____

Year 20 _____

_____
_____
_____
_____

Year 20 _____

_____
_____
_____
_____

30 APRIL

Year 20 _____

_____
_____
_____
_____
_____

Year 20 _____

_____
_____
_____
_____
_____

Year 20 _____

_____
_____
_____
_____
_____

Year 20 _____

_____
_____
_____
_____
_____

Year 20 _____

_____
_____
_____
_____
_____

01 MAY

Year 20 _____

_____
_____
_____
_____
_____

Year 20 _____

_____
_____
_____
_____

Year 20 _____

_____
_____
_____
_____

Year 20 _____

_____
_____
_____
_____

Year 20 _____

_____
_____
_____

02 MAY

Year 20 _____

_____
_____
_____
_____

Year 20 _____

_____
_____
_____
_____

Year 20 _____

_____
_____
_____
_____

Year 20 _____

_____
_____
_____
_____

Year 20 _____

_____
_____
_____
_____

03 MAY

Year 20 _____

_____
_____
_____
_____
_____

Year 20 _____

_____
_____
_____
_____
_____

Year 20 _____

_____
_____
_____
_____
_____

Year 20 _____

_____
_____
_____
_____
_____

Year 20 _____

_____
_____
_____
_____
_____

04 MAY

Year 20＿＿＿＿

Year 20＿＿＿＿

Year 20＿＿＿＿

Year 20＿＿＿＿

Year 20＿＿＿＿

05 MAY

Year 20 _____

_____
_____
_____
_____
_____

Year 20 _____

_____
_____
_____
_____

Year 20 _____

_____
_____
_____
_____

Year 20 _____

_____
_____
_____
_____

Year 20 _____

_____
_____
_____
_____

06 MAY

Year 20 _____
_____
_____
_____
_____

Year 20 _____
_____
_____
_____
_____

Year 20 _____
_____
_____
_____
_____

Year 20 _____
_____
_____
_____
_____

Year 20 _____
_____
_____
_____
_____

07 MAY

Year 20____

_____
_____
_____
_____
_____
_____

Year 20____

_____
_____
_____
_____
_____
_____

Year 20____

_____
_____
_____
_____
_____
_____

Year 20____

_____
_____
_____
_____
_____
_____

Year 20____

_____
_____
_____
_____
_____
_____

08 MAY

Year 20_____

_____
_____
_____
_____
_____

Year 20_____

_____
_____
_____
_____
_____

Year 20_____

_____
_____
_____
_____
_____

Year 20_____

_____
_____
_____
_____
_____

Year 20_____

_____
_____
_____
_____
_____

09 MAY

Year 20＿＿＿

_____
_____
_____
_____
_____

Year 20＿＿＿

_____
_____
_____
_____
_____

Year 20＿＿＿

_____
_____
_____
_____
_____

Year 20＿＿＿

_____
_____
_____
_____
_____

Year 20＿＿＿

_____
_____
_____
_____
_____

10 MAY

Year 20 _____

Year 20 _____

Year 20 _____

Year 20 _____

Year 20 _____

---

11 MAY

Year 20 _____

_____
_____
_____
_____
_____

Year 20 _____

_____
_____
_____
_____

Year 20 _____

_____
_____
_____
_____

Year 20 _____

_____
_____
_____
_____

Year 20 _____

_____
_____
_____
_____

12 MAY

Year 20 _____

_____
_____
_____
_____
_____

Year 20 _____

_____
_____
_____
_____

Year 20 _____

_____
_____
_____
_____

Year 20 _____

_____
_____
_____
_____

Year 20 _____

_____
_____
_____
_____

13 MAY

Year 20 _____

_____

_____

_____

_____

_____

Year 20 _____

_____

_____

_____

_____

_____

Year 20 _____

_____

_____

_____

_____

_____

Year 20 _____

_____

_____

_____

_____

_____

Year 20 _____

_____

_____

_____

_____

_____

14 MAY

Year 20 _____

_____
_____
_____
_____
_____

Year 20 _____

_____
_____
_____
_____
_____

Year 20 _____

_____
_____
_____
_____
_____

Year 20 _____

_____
_____
_____
_____
_____

Year 20 _____

_____
_____
_____
_____
_____

15 MAY

Year 20 _____

Year 20 _____

Year 20 _____

Year 20 _____

Year 20 _____

16 MAY

Year 20 _____

_____
_____
_____
_____

Year 20 _____

_____
_____
_____
_____

Year 20 _____

_____
_____
_____
_____

Year 20 _____

_____
_____
_____
_____

Year 20 _____

_____
_____
_____
_____

17 MAY

Year 20 _____

_____
_____
_____
_____
_____
_____

Year 20 _____

_____
_____
_____
_____
_____
_____

Year 20 _____

_____
_____
_____
_____
_____
_____

Year 20 _____

_____
_____
_____
_____
_____
_____

Year 20 _____

_____
_____
_____
_____
_____

18 MAY

Year 20 _____

_____
_____
_____
_____

Year 20 _____

_____
_____
_____
_____

Year 20 _____

_____
_____
_____
_____

Year 20 _____

_____
_____
_____
_____

Year 20 _____

_____
_____
_____
_____

19 MAY

Year 20＿＿＿

＿＿＿＿＿＿＿＿＿＿＿＿＿＿＿＿＿＿＿＿＿＿
＿＿＿＿＿＿＿＿＿＿＿＿＿＿＿＿＿＿＿＿＿＿
＿＿＿＿＿＿＿＿＿＿＿＿＿＿＿＿＿＿＿＿＿＿
＿＿＿＿＿＿＿＿＿＿＿＿＿＿＿＿＿＿＿＿＿＿

Year 20＿＿＿

＿＿＿＿＿＿＿＿＿＿＿＿＿＿＿＿＿＿＿＿＿＿
＿＿＿＿＿＿＿＿＿＿＿＿＿＿＿＿＿＿＿＿＿＿
＿＿＿＿＿＿＿＿＿＿＿＿＿＿＿＿＿＿＿＿＿＿
＿＿＿＿＿＿＿＿＿＿＿＿＿＿＿＿＿＿＿＿＿＿

Year 20＿＿＿

＿＿＿＿＿＿＿＿＿＿＿＿＿＿＿＿＿＿＿＿＿＿
＿＿＿＿＿＿＿＿＿＿＿＿＿＿＿＿＿＿＿＿＿＿
＿＿＿＿＿＿＿＿＿＿＿＿＿＿＿＿＿＿＿＿＿＿
＿＿＿＿＿＿＿＿＿＿＿＿＿＿＿＿＿＿＿＿＿＿

Year 20＿＿＿

＿＿＿＿＿＿＿＿＿＿＿＿＿＿＿＿＿＿＿＿＿＿
＿＿＿＿＿＿＿＿＿＿＿＿＿＿＿＿＿＿＿＿＿＿
＿＿＿＿＿＿＿＿＿＿＿＿＿＿＿＿＿＿＿＿＿＿
＿＿＿＿＿＿＿＿＿＿＿＿＿＿＿＿＿＿＿＿＿＿

Year 20＿＿＿

＿＿＿＿＿＿＿＿＿＿＿＿＿＿＿＿＿＿＿＿＿＿
＿＿＿＿＿＿＿＿＿＿＿＿＿＿＿＿＿＿＿＿＿＿
＿＿＿＿＿＿＿＿＿＿＿＿＿＿＿＿＿＿＿＿＿＿
＿＿＿＿＿＿＿＿＿＿＿＿＿＿＿＿＿＿＿＿＿＿

20 MAY

Year 20 _____

_____
_____
_____
_____
_____

Year 20 _____

_____
_____
_____
_____
_____

Year 20 _____

_____
_____
_____
_____
_____

Year 20 _____

_____
_____
_____
_____
_____

Year 20 _____

_____
_____
_____
_____
_____

21 MAY

Year 20____

_____
_____
_____
_____
_____

Year 20____

_____
_____
_____
_____
_____

Year 20____

_____
_____
_____
_____
_____

Year 20____

_____
_____
_____
_____
_____

Year 20____

_____
_____
_____
_____
_____

22 MAY

Year 20 _____

_____
_____
_____
_____

Year 20 _____

_____
_____
_____
_____

Year 20 _____

_____
_____
_____
_____

Year 20 _____

_____
_____
_____
_____

Year 20 _____

_____
_____
_____
_____

23 MAY

Year 20 _____

_____
_____
_____
_____
_____

Year 20 _____

_____
_____
_____
_____
_____

Year 20 _____

_____
_____
_____
_____
_____

Year 20 _____

_____
_____
_____
_____
_____

Year 20 _____

_____
_____
_____
_____
_____

24 MAY

Year 20 _____

_____
_____
_____
_____

Year 20 _____

_____
_____
_____
_____

Year 20 _____

_____
_____
_____
_____

Year 20 _____

_____
_____
_____
_____

Year 20 _____

_____
_____
_____
_____

25 MAY

Year 20 ____

_____
_____
_____
_____
_____

Year 20 ____

_____
_____
_____
_____
_____

Year 20 ____

_____
_____
_____
_____
_____

Year 20 ____

_____
_____
_____
_____
_____

Year 20 ____

_____
_____
_____
_____
_____

26 MAY

Year 20 _____

_____
_____
_____
_____
_____

Year 20 _____

_____
_____
_____
_____
_____

Year 20 _____

_____
_____
_____
_____
_____

Year 20 _____

_____
_____
_____
_____
_____

Year 20 _____

_____
_____
_____
_____
_____

27 MAY

Year 20 _____

Year 20 _____

Year 20 _____

Year 20 _____

Year 20 _____

---

28 MAY

Year 20＿＿＿

___

Year 20＿＿＿

___

Year 20＿＿＿

___

Year 20＿＿＿

___

Year 20＿＿＿

29 MAY

Year 20 _____

_____
_____
_____
_____
_____

Year 20 _____

_____
_____
_____
_____
_____

Year 20 _____

_____
_____
_____
_____
_____

Year 20 _____

_____
_____
_____
_____
_____

Year 20 _____

_____
_____
_____
_____
_____

30 MAY

Year 20____

_____
_____
_____
_____
_____

Year 20____

_____
_____
_____
_____

Year 20____

_____
_____
_____
_____

Year 20____

_____
_____
_____
_____

Year 20____

_____
_____
_____
_____

31 MAY

Year 20 _____

_____
_____
_____
_____
_____

Year 20 _____

_____
_____
_____
_____

Year 20 _____

_____
_____
_____
_____

Year 20 _____

_____
_____
_____
_____

Year 20 _____

_____
_____
_____
_____

01 JUNE

Year 20 _____

_____
_____
_____
_____
_____

Year 20 _____

_____
_____
_____
_____
_____

Year 20 _____

_____
_____
_____
_____
_____

Year 20 _____

_____
_____
_____
_____

Year 20 _____

_____
_____
_____
_____
_____

02 JUNE

Year 20 _____

_____
_____
_____
_____

Year 20 _____

_____
_____
_____
_____

Year 20 _____

_____
_____
_____
_____

Year 20 _____

_____
_____
_____
_____

Year 20 _____

_____
_____
_____
_____

03 JUNE

Year 20 _____

_____
_____
_____
_____
_____

Year 20 _____

_____
_____
_____
_____

Year 20 _____

_____
_____
_____
_____

Year 20 _____

_____
_____
_____
_____

Year 20 _____

_____
_____
_____
_____

04 JUNE

Year 20 _____

_____
_____
_____
_____
_____

Year 20 _____

_____
_____
_____
_____
_____

Year 20 _____

_____
_____
_____
_____
_____

Year 20 _____

_____
_____
_____
_____
_____

Year 20 _____

_____
_____
_____
_____

05 JUNE

Year 20_____

_____
_____
_____
_____

Year 20_____

_____
_____
_____
_____

Year 20_____

_____
_____
_____
_____

Year 20_____

_____
_____
_____
_____

Year 20_____

_____
_____
_____
_____

06 JUNE

Year 20 _____

_____
_____
_____
_____
_____

Year 20 _____

_____
_____
_____
_____
_____

Year 20 _____

_____
_____
_____
_____
_____

Year 20 _____

_____
_____
_____
_____
_____

Year 20 _____

_____
_____
_____
_____
_____

07 JUNE

Year 20_____

_____
_____
_____
_____
_____

Year 20_____

_____
_____
_____
_____
_____

Year 20_____

_____
_____
_____
_____
_____

Year 20_____

_____
_____
_____
_____
_____

Year 20_____

_____
_____
_____
_____
_____

08 JUNE

Year 20_____

_____
_____
_____
_____
_____

Year 20_____

_____
_____
_____
_____
_____

Year 20_____

_____
_____
_____
_____
_____

Year 20_____

_____
_____
_____
_____
_____

Year 20_____

_____
_____
_____
_____
_____

09 JUNE

Year 20____

_____
_____
_____
_____

Year 20____

_____
_____
_____
_____

Year 20____

_____
_____
_____
_____

Year 20____

_____
_____
_____
_____

Year 20____

_____
_____
_____
_____

10 JUNE

Year 20 _____

_____
_____
_____
_____
_____

Year 20 _____

_____
_____
_____
_____
_____

Year 20 _____

_____
_____
_____
_____
_____

Year 20 _____

_____
_____
_____
_____
_____

Year 20 _____

_____
_____
_____
_____
_____

11 JUNE

Year 20____

_____
_____
_____
_____
_____

Year 20____

_____
_____
_____
_____

Year 20____

_____
_____
_____
_____

Year 20____

_____
_____
_____
_____

Year 20____

_____
_____
_____
_____

12 JUNE

Year 20﹍﹍

Year 20﹍﹍

Year 20﹍﹍

Year 20﹍﹍

Year 20﹍﹍

13 JUNE

Year 20 _____

_____
_____
_____
_____
_____

Year 20 _____

_____
_____
_____
_____
_____

Year 20 _____

_____
_____
_____
_____
_____

Year 20 _____

_____
_____
_____
_____
_____

Year 20 _____

_____
_____
_____
_____
_____

14 JUNE

Year 20____

_____
_____
_____
_____
_____

Year 20____

_____
_____
_____
_____
_____

Year 20____

_____
_____
_____
_____
_____

Year 20____

_____
_____
_____
_____
_____

Year 20____

_____
_____
_____
_____
_____

15 JUNE

Year 20 _____

_____
_____
_____
_____

Year 20 _____

_____
_____
_____
_____

Year 20 _____

_____
_____
_____
_____

Year 20 _____

_____
_____
_____
_____

Year 20 _____

_____
_____
_____
_____

16 JUNE

Year 20____

Year 20____

Year 20____

Year 20____

Year 20____

17 JUNE

Year 20 ____

_____
_____
_____
_____
_____

Year 20 ____

_____
_____
_____
_____
_____

Year 20 ____

_____
_____
_____
_____
_____

Year 20 ____

_____
_____
_____
_____
_____

Year 20 ____

_____
_____
_____
_____
_____

18 JUNE

Year 20 _____

_____
_____
_____
_____
_____

Year 20 _____

_____
_____
_____
_____
_____

Year 20 _____

_____
_____
_____
_____
_____

Year 20 _____

_____
_____
_____
_____
_____

Year 20 _____

_____
_____
_____
_____
_____

19 JUNE

Year 20____

_____
_____
_____
_____
_____

Year 20____

_____
_____
_____
_____
_____

Year 20____

_____
_____
_____
_____
_____

Year 20____

_____
_____
_____
_____
_____

Year 20____

_____
_____
_____
_____
_____

20 JUNE

Year 20 _____

_____
_____
_____
_____
_____

Year 20 _____

_____
_____
_____
_____

Year 20 _____

_____
_____
_____
_____

Year 20 _____

_____
_____
_____
_____

Year 20 _____

_____
_____
_____
_____

21 JUNE

Year 20 _____

_____
_____
_____
_____
_____

Year 20 _____

_____
_____
_____
_____
_____

Year 20 _____

_____
_____
_____
_____
_____

Year 20 _____

_____
_____
_____
_____
_____

Year 20 _____

_____
_____
_____
_____
_____

22 JUNE

Year 20 ____

_____
_____
_____
_____

Year 20 ____

_____
_____
_____
_____

Year 20 ____

_____
_____
_____
_____

Year 20 ____

_____
_____
_____
_____

Year 20 ____

_____
_____
_____
_____

23 JUNE

♥

Year 20 _____

_____
_____
_____
_____
_____

Year 20 _____

_____
_____
_____
_____
_____

Year 20 _____

_____
_____
_____
_____
_____

Year 20 _____

_____
_____
_____
_____
_____

Year 20 _____

_____
_____
_____
_____
_____

24 JUNE

Year 20 _____

_____
_____
_____
_____
_____

Year 20 _____

_____
_____
_____
_____

Year 20 _____

_____
_____
_____
_____

Year 20 _____

_____
_____
_____
_____

Year 20 _____

_____
_____
_____
_____

25 JUNE

Year 20____

_____
_____
_____
_____
_____
_____

Year 20____

_____
_____
_____
_____
_____

Year 20____

_____
_____
_____
_____
_____

Year 20____

_____
_____
_____
_____
_____

Year 20____

_____
_____
_____
_____
_____

26 JUNE

Year 20 _____

_____
_____
_____
_____
_____

Year 20 _____

_____
_____
_____
_____
_____

Year 20 _____

_____
_____
_____
_____
_____

Year 20 _____

_____
_____
_____
_____
_____

Year 20 _____

_____
_____
_____
_____
_____

27 JUNE

Year 20 _____

_____
_____
_____
_____
_____

Year 20 _____

_____
_____
_____
_____

Year 20 _____

_____
_____
_____
_____

Year 20 _____

_____
_____
_____
_____

Year 20 _____

_____
_____
_____
_____

28 JUNE

Year 20 _____

_____
_____
_____
_____
_____

Year 20 _____

_____
_____
_____
_____
_____

Year 20 _____

_____
_____
_____
_____
_____

Year 20 _____

_____
_____
_____
_____
_____

Year 20 _____

_____
_____
_____
_____
_____

29 JUNE

Year 20 _____

_____
_____
_____
_____
_____

Year 20 _____

_____
_____
_____
_____

Year 20 _____

_____
_____
_____
_____

Year 20 _____

_____
_____
_____
_____

Year 20 _____

_____
_____
_____
_____

30 JUNE

Year 20 _____

_____
_____
_____
_____
_____

Year 20 _____

_____
_____
_____
_____
_____

Year 20 _____

_____
_____
_____
_____
_____

Year 20 _____

_____
_____
_____
_____
_____

Year 20 _____

_____
_____
_____
_____
_____

01 JULY

Year 20 _____

_____
_____
_____
_____
_____

Year 20 _____

_____
_____
_____
_____
_____

Year 20 _____

_____
_____
_____
_____
_____

Year 20 _____

_____
_____
_____
_____
_____

Year 20 _____

_____
_____
_____
_____
_____

02 JULY

Year 20____

_____
_____
_____
_____

Year 20____

_____
_____
_____
_____

Year 20____

_____
_____
_____
_____

Year 20____

_____
_____
_____
_____

Year 20____

_____
_____
_____
_____

03 JULY

Year 20 _____

_____
_____
_____
_____
_____

Year 20 _____

_____
_____
_____
_____
_____

Year 20 _____

_____
_____
_____
_____
_____

Year 20 _____

_____
_____
_____
_____
_____

Year 20 _____

_____
_____
_____
_____
_____

04 JULY

Year 20____

Year 20____

Year 20____

Year 20____

Year 20____

---

05 JULY

Year 20 _____

_____
_____
_____
_____
_____

Year 20 _____

_____
_____
_____
_____

Year 20 _____

_____
_____
_____
_____
_____

Year 20 _____

_____
_____
_____
_____

Year 20 _____

_____
_____
_____
_____
_____

06 JULY

Year 20____

_____
_____
_____
_____
_____

Year 20____

_____
_____
_____
_____

Year 20____

_____
_____
_____
_____

Year 20____

_____
_____
_____
_____

Year 20____

_____
_____
_____
_____

07 JULY

Year 20____

_____
_____
_____
_____
_____

Year 20____

_____
_____
_____
_____
_____

Year 20____

_____
_____
_____
_____
_____

Year 20____

_____
_____
_____
_____
_____

Year 20____

_____
_____
_____
_____
_____

08 JULY

Year 20 _____

_____
_____
_____
_____
_____

Year 20 _____

_____
_____
_____
_____
_____

Year 20 _____

_____
_____
_____
_____
_____

Year 20 _____

_____
_____
_____
_____
_____

Year 20 _____

_____
_____
_____
_____
_____

09 JULY

Year 20 _____

Year 20 _____

Year 20 _____

Year 20 _____

Year 20 _____

10 JULY

Year 20____

_____
_____
_____
_____
_____

Year 20____

_____
_____
_____
_____
_____

Year 20____

_____
_____
_____
_____
_____

Year 20____

_____
_____
_____
_____
_____

Year 20____

_____
_____
_____
_____
_____

11 JULY

Year 20_____

_____
_____
_____
_____
_____

Year 20_____

_____
_____
_____
_____
_____

Year 20_____

_____
_____
_____
_____
_____

Year 20_____

_____
_____
_____
_____
_____

Year 20_____

_____
_____
_____
_____
_____

12 JULY

Year 20 _____

_____
_____
_____
_____
_____

Year 20 _____

_____
_____
_____
_____
_____

Year 20 _____

_____
_____
_____
_____
_____

Year 20 _____

_____
_____
_____
_____
_____

Year 20 _____

_____
_____
_____
_____
_____

13 JULY

Year 20 _____

_____
_____
_____
_____
_____

Year 20 _____

_____
_____
_____
_____
_____

Year 20 _____

_____
_____
_____
_____
_____

Year 20 _____

_____
_____
_____
_____
_____

Year 20 _____

_____
_____
_____
_____
_____

14 JULY

Year 20___

Year 20___

Year 20___

Year 20___

Year 20___

15 JULY

Year 20 _____

_____
_____
_____
_____
_____

Year 20 _____

_____
_____
_____
_____
_____

Year 20 _____

_____
_____
_____
_____

Year 20 _____

_____
_____
_____
_____

Year 20 _____

_____
_____
_____
_____
_____

16 JULY

Year 20＿＿＿

Year 20＿＿＿

Year 20＿＿＿

Year 20＿＿＿

Year 20＿＿＿

17 JULY

Year 20____

Year 20____

Year 20____

Year 20____

Year 20____

---

18 JULY

Year 20 _____

_____
_____
_____
_____
_____

Year 20 _____

_____
_____
_____
_____

Year 20 _____

_____
_____
_____
_____

Year 20 _____

_____
_____
_____
_____

Year 20 _____

_____
_____
_____
_____

19 JULY

Year 20 _____

_____
_____
_____
_____
_____

Year 20 _____

_____
_____
_____
_____
_____

Year 20 _____

_____
_____
_____
_____
_____

Year 20 _____

_____
_____
_____
_____

Year 20 _____

_____
_____
_____
_____

20 JULY

Year 20 _____

_____
_____
_____
_____

Year 20 _____

_____
_____
_____
_____

Year 20 _____

_____
_____
_____
_____

Year 20 _____

_____
_____
_____
_____

Year 20 _____

_____
_____
_____
_____

21 JULY

Year 20 _____

_____
_____
_____
_____
_____

Year 20 _____

_____
_____
_____
_____
_____

Year 20 _____

_____
_____
_____
_____
_____

Year 20 _____

_____
_____
_____
_____
_____

Year 20 _____

_____
_____
_____
_____
_____

22 JULY

Year 20 _____

_____
_____
_____
_____
_____

Year 20 _____

_____
_____
_____
_____

Year 20 _____

_____
_____
_____
_____

Year 20 _____

_____
_____
_____
_____

Year 20 _____

_____
_____
_____
_____

23 JULY

Year 20____

_____
_____
_____
_____
_____

Year 20____

_____
_____
_____
_____

Year 20____

_____
_____
_____
_____

Year 20____

_____
_____
_____
_____

Year 20____

_____
_____
_____
_____

24 JULY

Year 20 _____

_____
_____
_____
_____
_____

Year 20 _____

_____
_____
_____
_____
_____

Year 20 _____

_____
_____
_____
_____
_____

Year 20 _____

_____
_____
_____
_____
_____

Year 20 _____

_____
_____
_____
_____

25 JULY

Year 20 _____

Year 20 _____

Year 20 _____

Year 20 _____

Year 20 _____

---

26 JULY

Year 20_____

_____
_____
_____
_____
_____

Year 20_____

_____
_____
_____
_____
_____

Year 20_____

_____
_____
_____
_____
_____

Year 20_____

_____
_____
_____
_____
_____

Year 20_____

_____
_____
_____
_____
_____

27 JULY

Year 20____

_____
_____
_____
_____
_____

Year 20____

_____
_____
_____
_____
_____

Year 20____

_____
_____
_____
_____
_____

Year 20____

_____
_____
_____
_____
_____

Year 20____

_____
_____
_____
_____
_____

28 JULY

Year 20 _____

_____
_____
_____
_____
_____

Year 20 _____

_____
_____
_____
_____

Year 20 _____

_____
_____
_____
_____

Year 20 _____

_____
_____
_____
_____

Year 20 _____

_____
_____
_____
_____

29 JULY

Year 20 _____

_____
_____
_____
_____
_____

Year 20 _____

_____
_____
_____
_____

Year 20 _____

_____
_____
_____
_____

Year 20 _____

_____
_____
_____
_____

Year 20 _____

_____
_____
_____
_____

30 JULY

Year 20 _____

Year 20 _____

Year 20 _____

Year 20 _____

Year 20 _____

31 JULY

Year 20 _____

_____
_____
_____
_____
_____

Year 20 _____

_____
_____
_____
_____

Year 20 _____

_____
_____
_____
_____
_____

Year 20 _____

_____
_____
_____
_____
_____

Year 20 _____

_____
_____
_____
_____
_____

01 AUGUST

Year 20 _____

_____
_____
_____
_____

Year 20 _____

_____
_____
_____
_____

Year 20 _____

_____
_____
_____
_____

Year 20 _____

_____
_____
_____
_____

Year 20 _____

_____
_____
_____
_____

02 AUGUST

Year 20 _____

_____
_____
_____
_____
_____

Year 20 _____

_____
_____
_____
_____
_____

Year 20 _____

_____
_____
_____
_____
_____

Year 20 _____

_____
_____
_____
_____
_____

Year 20 _____

_____
_____
_____
_____
_____

03 AUGUST

Year 20_____

_____
_____
_____
_____
_____

Year 20_____

_____
_____
_____
_____
_____

Year 20_____

_____
_____
_____
_____
_____

Year 20_____

_____
_____
_____
_____
_____

Year 20_____

_____
_____
_____
_____
_____

04 AUGUST

Year 20 _____

_____
_____
_____
_____
_____

Year 20 _____

_____
_____
_____
_____

Year 20 _____

_____
_____
_____
_____

Year 20 _____

_____
_____
_____
_____

Year 20 _____

_____
_____
_____
_____

05 AUGUST

Year 20 _____

_____

Year 20 _____

_____

Year 20 _____

_____

Year 20 _____

_____

Year 20 _____

_____

06 AUGUST

Year 20____

Year 20____

Year 20____

Year 20____

Year 20____

07 AUGUST

Year 20____

_____
_____
_____
_____

Year 20____

_____
_____
_____
_____

Year 20____

_____
_____
_____
_____

Year 20____

_____
_____
_____
_____

Year 20____

_____
_____
_____
_____

08 AUGUST

Year 20_____

_____
_____
_____
_____

Year 20_____

_____
_____
_____
_____

Year 20_____

_____
_____
_____
_____

Year 20_____

_____
_____
_____
_____

Year 20_____

_____
_____
_____
_____

09 AUGUST

Year 20 ⎯⎯

Year 20 ⎯⎯

Year 20 ⎯⎯

Year 20 ⎯⎯

Year 20 ⎯⎯

10 AUGUST

Year 20 _____

_____
_____
_____
_____
_____

Year 20 _____

_____
_____
_____
_____

Year 20 _____

_____
_____
_____
_____

Year 20 _____

_____
_____
_____
_____

Year 20 _____

_____
_____
_____
_____

11 AUGUST

Year 20 _____

_____
_____
_____
_____

Year 20 _____

_____
_____
_____
_____

Year 20 _____

_____
_____
_____
_____

Year 20 _____

_____
_____
_____
_____

Year 20 _____

_____
_____
_____
_____

12 AUGUST

Year 20 _____

_____
_____
_____
_____
_____

Year 20 _____

_____
_____
_____
_____
_____

Year 20 _____

_____
_____
_____
_____
_____

Year 20 _____

_____
_____
_____
_____
_____

Year 20 _____

_____
_____
_____
_____
_____

13 AUGUST

Year 20____

_____
_____
_____
_____
_____

Year 20____

_____
_____
_____
_____
_____

Year 20____

_____
_____
_____
_____
_____

Year 20____

_____
_____
_____
_____
_____

Year 20____

_____
_____
_____
_____

14 AUGUST

Year 20____

_____
_____
_____
_____

Year 20____

_____
_____
_____
_____

Year 20____

_____
_____
_____
_____

Year 20____

_____
_____
_____
_____

Year 20____

_____
_____
_____
_____

15 AUGUST

Year 20＿＿

_____
_____
_____
_____
_____

Year 20＿＿

_____
_____
_____
_____

Year 20＿＿

_____
_____
_____
_____

Year 20＿＿

_____
_____
_____
_____

Year 20＿＿

_____
_____
_____
_____

16 AUGUST

Year 20 _____

_____
_____
_____
_____
_____

Year 20 _____

_____
_____
_____
_____
_____

Year 20 _____

_____
_____
_____
_____
_____

Year 20 _____

_____
_____
_____
_____
_____

Year 20 _____

_____
_____
_____
_____
_____

17 AUGUST

Year 20 _____

_____
_____
_____
_____
_____

Year 20 _____

_____
_____
_____
_____
_____

Year 20 _____

_____
_____
_____
_____
_____

Year 20 _____

_____
_____
_____
_____
_____

Year 20 _____

_____
_____
_____
_____
_____

18 AUGUST

Year 20 _____

_____

_____

_____

_____

_____

Year 20 _____

_____

_____

_____

_____

_____

Year 20 _____

_____

_____

_____

_____

_____

Year 20 _____

_____

_____

_____

_____

_____

Year 20 _____

_____

_____

_____

_____

_____

19 AUGUST

Year 20 _____

_____
_____
_____
_____

Year 20 _____

_____
_____
_____
_____

Year 20 _____

_____
_____
_____
_____

Year 20 _____

_____
_____
_____
_____

Year 20 _____

_____
_____
_____
_____

20 AUGUST

Year 20____

_____
_____
_____
_____

Year 20____

_____
_____
_____
_____

Year 20____

_____
_____
_____
_____

Year 20____

_____
_____
_____
_____

Year 20____

_____
_____
_____
_____

21 AUGUST

Year 20 _____

_____
_____
_____
_____
_____

Year 20 _____

_____
_____
_____
_____
_____

Year 20 _____

_____
_____
_____
_____
_____

Year 20 _____

_____
_____
_____
_____
_____

Year 20 _____

_____
_____
_____
_____
_____

22 AUGUST

Year 20 _____

_____
_____
_____
_____

Year 20 _____

_____
_____
_____
_____

Year 20 _____

_____
_____
_____
_____

Year 20 _____

_____
_____
_____
_____

Year 20 _____

_____
_____
_____
_____

23 AUGUST

Year 20

Year 20

Year 20

Year 20

Year 20

24 AUGUST

Year 20____

_____
_____
_____
_____

Year 20____

_____
_____
_____
_____

Year 20____

_____
_____
_____
_____

Year 20____

_____
_____
_____
_____

Year 20____

_____
_____
_____
_____

25 AUGUST

♥

Year 20____

_____
_____
_____
_____

Year 20____

_____
_____
_____
_____

Year 20____

_____
_____
_____
_____

Year 20____

_____
_____
_____
_____

Year 20____

_____
_____
_____
_____

26 AUGUST

Year 20 _____

_____
_____
_____
_____
_____

Year 20 _____

_____
_____
_____
_____
_____

Year 20 _____

_____
_____
_____
_____
_____

Year 20 _____

_____
_____
_____
_____
_____

Year 20 _____

_____
_____
_____
_____
_____

27 AUGUST

Year 20 _____

_____
_____
_____
_____
_____

Year 20 _____

_____
_____
_____
_____
_____

Year 20 _____

_____
_____
_____
_____
_____

Year 20 _____

_____
_____
_____
_____
_____

Year 20 _____

_____
_____
_____
_____
_____

28 AUGUST

Year 20 _____

_____
_____
_____
_____
_____

Year 20 _____

_____
_____
_____
_____
_____

Year 20 _____

_____
_____
_____
_____
_____

Year 20 _____

_____
_____
_____
_____
_____

Year 20 _____

_____
_____
_____
_____
_____

29 AUGUST

Year 20 ____

_____
_____
_____
_____
_____

Year 20 ____

_____
_____
_____
_____

Year 20 ____

_____
_____
_____
_____

Year 20 ____

_____
_____
_____
_____

Year 20 ____

_____
_____
_____
_____

30 AUGUST

Year 20___

_____
_____
_____
_____
_____

Year 20___

_____
_____
_____
_____
_____

Year 20___

_____
_____
_____
_____
_____

Year 20___

_____
_____
_____
_____
_____

Year 20___

_____
_____
_____
_____
_____

31 AUGUST

Year 20____

_____
_____
_____
_____
_____

Year 20____

_____
_____
_____
_____
_____

Year 20____

_____
_____
_____
_____
_____

Year 20____

_____
_____
_____
_____

Year 20____

_____
_____
_____
_____
_____

01 SEPTEMBER

Year 20 ____

_____
_____
_____
_____

Year 20 ____

_____
_____
_____
_____

Year 20 ____

_____
_____
_____
_____

Year 20 ____

_____
_____
_____
_____

Year 20 ____

_____
_____
_____
_____

02 SEPTEMBER

Year 20 _____

_____
_____
_____
_____
_____

Year 20 _____

_____
_____
_____
_____
_____

Year 20 _____

_____
_____
_____
_____
_____

Year 20 _____

_____
_____
_____
_____
_____

Year 20 _____

_____
_____
_____
_____

03 SEPTEMBER

Year 20 _____

_____
_____
_____
_____

Year 20 _____

_____
_____
_____
_____

Year 20 _____

_____
_____
_____
_____

Year 20 _____

_____
_____
_____
_____

Year 20 _____

_____
_____
_____
_____

04 SEPTEMBER

Year 20 _____

_____
_____
_____
_____

Year 20 _____

_____
_____
_____
_____

Year 20 _____

_____
_____
_____
_____

Year 20 _____

_____
_____
_____
_____

Year 20 _____

_____
_____
_____

05 SEPTEMBER

Year 20 _____

_____
_____
_____
_____

Year 20 _____

_____
_____
_____
_____

Year 20 _____

_____
_____
_____
_____

Year 20 _____

_____
_____
_____
_____

Year 20 _____

_____
_____
_____
_____

06 SEPTEMBER

Year 20____

_____
_____
_____
_____

Year 20____

_____
_____
_____
_____

Year 20____

_____
_____
_____
_____

Year 20____

_____
_____
_____
_____

Year 20____

_____
_____
_____
_____

07 SEPTEMBER

Year 20 _____

_____
_____
_____
_____

Year 20 _____

_____
_____
_____
_____

Year 20 _____

_____
_____
_____
_____

Year 20 _____

_____
_____
_____
_____

Year 20 _____

_____
_____
_____
_____

08 SEPTEMBER

Year 20 _____

_____
_____
_____
_____
_____

Year 20 _____

_____
_____
_____
_____
_____

Year 20 _____

_____
_____
_____
_____
_____

Year 20 _____

_____
_____
_____
_____
_____

Year 20 _____

_____
_____
_____
_____
_____

09 SEPTEMBER

Year 20 _____

_____
_____
_____
_____

Year 20 _____

_____
_____
_____
_____

Year 20 _____

_____
_____
_____
_____

Year 20 _____

_____
_____
_____
_____

Year 20 _____

_____
_____
_____
_____

10 SEPTEMBER

Year 20 ____

Year 20 ____

Year 20 ____

Year 20 ____

Year 20 ____

11 SEPTEMBER

Year 20 _____

_____
_____
_____
_____
_____

Year 20 _____

_____
_____
_____
_____
_____

Year 20 _____

_____
_____
_____
_____
_____

Year 20 _____

_____
_____
_____
_____
_____

Year 20 _____

_____
_____
_____
_____
_____

12 SEPTEMBER

Year 20____

_____
_____
_____
_____

Year 20____

_____
_____
_____
_____

Year 20____

_____
_____
_____
_____

Year 20____

_____
_____
_____
_____

Year 20____

_____
_____
_____
_____

13 SEPTEMBER

Year 20____

_____
_____
_____
_____

Year 20____

_____
_____
_____
_____

Year 20____

_____
_____
_____
_____

Year 20____

_____
_____
_____
_____

Year 20____

_____
_____
_____
_____

14 SEPTEMBER

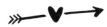

Year 20 _____

_____
_____
_____
_____

Year 20 _____

_____
_____
_____
_____

Year 20 _____

_____
_____
_____
_____

Year 20 _____

_____
_____
_____
_____

Year 20 _____

_____
_____
_____
_____

15 SEPTEMBER

Year 20＿＿＿

＿＿＿＿＿＿＿＿＿＿＿＿＿＿＿＿
＿＿＿＿＿＿＿＿＿＿＿＿＿＿＿＿
＿＿＿＿＿＿＿＿＿＿＿＿＿＿＿＿
＿＿＿＿＿＿＿＿＿＿＿＿＿＿＿＿

Year 20＿＿＿

＿＿＿＿＿＿＿＿＿＿＿＿＿＿＿＿
＿＿＿＿＿＿＿＿＿＿＿＿＿＿＿＿
＿＿＿＿＿＿＿＿＿＿＿＿＿＿＿＿
＿＿＿＿＿＿＿＿＿＿＿＿＿＿＿＿

Year 20＿＿＿

＿＿＿＿＿＿＿＿＿＿＿＿＿＿＿＿
＿＿＿＿＿＿＿＿＿＿＿＿＿＿＿＿
＿＿＿＿＿＿＿＿＿＿＿＿＿＿＿＿
＿＿＿＿＿＿＿＿＿＿＿＿＿＿＿＿

Year 20＿＿＿

＿＿＿＿＿＿＿＿＿＿＿＿＿＿＿＿
＿＿＿＿＿＿＿＿＿＿＿＿＿＿＿＿
＿＿＿＿＿＿＿＿＿＿＿＿＿＿＿＿
＿＿＿＿＿＿＿＿＿＿＿＿＿＿＿＿

Year 20＿＿＿

＿＿＿＿＿＿＿＿＿＿＿＿＿＿＿＿
＿＿＿＿＿＿＿＿＿＿＿＿＿＿＿＿
＿＿＿＿＿＿＿＿＿＿＿＿＿＿＿＿
＿＿＿＿＿＿＿＿＿＿＿＿＿＿＿＿

16 SEPTEMBER

Year 20 _____

_____
_____
_____
_____
_____

Year 20 _____

_____
_____
_____
_____

Year 20 _____

_____
_____
_____
_____

Year 20 _____

_____
_____
_____
_____

Year 20 _____

_____
_____
_____
_____

17 SEPTEMBER

Year 20____

_____
_____
_____
_____

Year 20____

_____
_____
_____
_____

Year 20____

_____
_____
_____
_____

Year 20____

_____
_____
_____
_____

Year 20____

_____
_____
_____
_____

18 SEPTEMBER

Year 20 _____

_____
_____
_____
_____
_____

Year 20 _____

_____
_____
_____
_____
_____

Year 20 _____

_____
_____
_____
_____
_____

Year 20 _____

_____
_____
_____
_____
_____

Year 20 _____

_____
_____
_____
_____
_____

19 SEPTEMBER

Year 20 ____

_____
_____
_____
_____

Year 20 ____

_____
_____
_____
_____

Year 20 ____

_____
_____
_____
_____

Year 20 ____

_____
_____
_____
_____

Year 20 ____

_____
_____
_____
_____

20 SEPTEMBER

Year 20 _____

_____
_____
_____
_____
_____

Year 20 _____

_____
_____
_____
_____
_____

Year 20 _____

_____
_____
_____
_____
_____

Year 20 _____

_____
_____
_____
_____
_____

Year 20 _____

_____
_____
_____
_____
_____

21 SEPTEMBER

Year 20 _____

_____
_____
_____
_____
_____

Year 20 _____

_____
_____
_____
_____

Year 20 _____

_____
_____
_____
_____

Year 20 _____

_____
_____
_____
_____

Year 20 _____

_____
_____
_____
_____

22 SEPTEMBER

Year 20 ____

_____
_____
_____
_____
_____

Year 20 ____

_____
_____
_____
_____
_____

Year 20 ____

_____
_____
_____
_____
_____

Year 20 ____

_____
_____
_____
_____
_____

Year 20 ____

_____
_____
_____
_____

23 SEPTEMBER

Year 20 _____

_____
_____
_____
_____
_____

Year 20 _____

_____
_____
_____
_____
_____

Year 20 _____

_____
_____
_____
_____
_____

Year 20 _____

_____
_____
_____
_____
_____

Year 20 _____

_____
_____
_____
_____

24 SEPTEMBER

Year 20 _____

Year 20 _____

Year 20 _____

Year 20 _____

Year 20 _____

25 SEPTEMBER

Year 20____

_____
_____
_____
_____

Year 20____

_____
_____
_____
_____

Year 20____

_____
_____
_____
_____

Year 20____

_____
_____
_____
_____

Year 20____

_____
_____
_____
_____

26 SEPTEMBER

Year 20 _____

_____
_____
_____
_____
_____

Year 20 _____

_____
_____
_____
_____
_____

Year 20 _____

_____
_____
_____
_____
_____

Year 20 _____

_____
_____
_____
_____
_____

Year 20 _____

_____
_____
_____
_____
_____

27 SEPTEMBER

Year 20 _____

_____
_____
_____
_____
_____

Year 20 _____

_____
_____
_____
_____
_____

Year 20 _____

_____
_____
_____
_____
_____

Year 20 _____

_____
_____
_____
_____
_____

Year 20 _____

_____
_____
_____
_____
_____

28 SEPTEMBER

Year 20____

_____
_____
_____
_____
_____

Year 20____

_____
_____
_____
_____

Year 20____

_____
_____
_____
_____

Year 20____

_____
_____
_____
_____

Year 20____

_____
_____
_____
_____

29 SEPTEMBER

Year 20 _____

_____
_____
_____
_____
_____

Year 20 _____

_____
_____
_____
_____
_____

Year 20 _____

_____
_____
_____
_____
_____

Year 20 _____

_____
_____
_____
_____
_____

Year 20 _____

_____
_____
_____
_____
_____

30 SEPTEMBER

Year 20 _____

_____
_____
_____
_____

Year 20 _____

_____
_____
_____
_____

Year 20 _____

_____
_____
_____
_____

Year 20 _____

_____
_____
_____
_____

Year 20 _____

_____
_____
_____
_____

01 OCTOBER

Year 20＿＿＿

_____
_____
_____
_____
_____

Year 20＿＿＿

_____
_____
_____
_____

Year 20＿＿＿

_____
_____
_____
_____

Year 20＿＿＿

_____
_____
_____
_____

Year 20＿＿＿

_____
_____
_____
_____

02 OCTOBER

Year 20 ____

_____

Year 20 ____

_____

Year 20 ____

_____

Year 20 ____

_____

Year 20 ____

_____

03 OCTOBER

Year 20 _____

_____
_____
_____
_____
_____

Year 20 _____

_____
_____
_____
_____

Year 20 _____

_____
_____
_____
_____

Year 20 _____

_____
_____
_____
_____

Year 20 _____

_____
_____
_____
_____

04 OCTOBER

Year 20 _____

_____
_____
_____
_____
_____

Year 20 _____

_____
_____
_____
_____
_____

Year 20 _____

_____
_____
_____
_____
_____

Year 20 _____

_____
_____
_____
_____
_____

Year 20 _____

_____
_____
_____
_____
_____

05 OCTOBER

Year 20 _____

_____
_____
_____
_____

Year 20 _____

_____
_____
_____
_____

Year 20 _____

_____
_____
_____
_____

Year 20 _____

_____
_____
_____
_____

Year 20 _____

_____
_____
_____
_____

06 OCTOBER

♥

Year 20 _____

_____
_____
_____
_____
_____

Year 20 _____

_____
_____
_____
_____

Year 20 _____

_____
_____
_____
_____

Year 20 _____

_____
_____
_____
_____

Year 20 _____

_____
_____
_____
_____

07 OCTOBER

Year 20 _____

Year 20 _____

Year 20 _____

Year 20 _____

Year 20 _____

08 OCTOBER

Year 20 _____

_____
_____
_____
_____
_____

Year 20 _____

_____
_____
_____
_____
_____

Year 20 _____

_____
_____
_____
_____
_____

Year 20 _____

_____
_____
_____
_____
_____

Year 20 _____

_____
_____
_____
_____

09 OCTOBER

Year 20 _____

_____
_____
_____
_____
_____

Year 20 _____

_____
_____
_____
_____

Year 20 _____

_____
_____
_____
_____

Year 20 _____

_____
_____
_____
_____

Year 20 _____

_____
_____
_____
_____

10 OCTOBER

Year 20____

_____
_____
_____
_____
_____

Year 20____

_____
_____
_____
_____
_____

Year 20____

_____
_____
_____
_____
_____

Year 20____

_____
_____
_____
_____
_____

Year 20____

_____
_____
_____
_____
_____

11 OCTOBER

Year 20____

_____
_____
_____
_____
_____

Year 20____

_____
_____
_____
_____
_____

Year 20____

_____
_____
_____
_____
_____

Year 20____

_____
_____
_____
_____
_____

Year 20____

_____
_____
_____
_____
_____

12 OCTOBER

Year 20 _____

_____
_____
_____
_____
_____

Year 20 _____

_____
_____
_____
_____
_____

Year 20 _____

_____
_____
_____
_____
_____

Year 20 _____

_____
_____
_____
_____
_____

Year 20 _____

_____
_____
_____
_____
_____

13 OCTOBER

Year 20 _____

_____
_____
_____
_____
_____

Year 20 _____

_____
_____
_____
_____
_____

Year 20 _____

_____
_____
_____
_____
_____

Year 20 _____

_____
_____
_____
_____
_____

Year 20 _____

_____
_____
_____
_____
_____

14 OCTOBER

Year 20 _____

_____
_____
_____
_____
_____

Year 20 _____

_____
_____
_____
_____
_____

Year 20 _____

_____
_____
_____
_____
_____

Year 20 _____

_____
_____
_____
_____
_____

Year 20 _____

_____
_____
_____
_____

15 OCTOBER

Year 20____

_____
_____
_____
_____
_____
_____

Year 20____

_____
_____
_____
_____
_____

Year 20____

_____
_____
_____
_____
_____

Year 20____

_____
_____
_____
_____
_____

Year 20____

_____
_____
_____
_____

16 OCTOBER

Year 20 ____

_____
_____
_____
_____
_____

Year 20 ____

_____
_____
_____
_____
_____

Year 20 ____

_____
_____
_____
_____
_____

Year 20 ____

_____
_____
_____
_____
_____

Year 20 ____

_____
_____
_____
_____

17 OCTOBER

Year 20____

_____

_____

_____

_____

Year 20____

_____

_____

_____

_____

Year 20____

_____

_____

_____

_____

Year 20____

_____

_____

_____

_____

Year 20____

_____

_____

_____

_____

18 OCTOBER

Year 20 _____

_____
_____
_____
_____
_____

Year 20 _____

_____
_____
_____
_____
_____

Year 20 _____

_____
_____
_____
_____
_____

Year 20 _____

_____
_____
_____
_____
_____

Year 20 _____

_____
_____
_____
_____
_____

19 OCTOBER

Year 20_____

_____
_____
_____
_____

Year 20_____

_____
_____
_____
_____

Year 20_____

_____
_____
_____
_____

Year 20_____

_____
_____
_____
_____

Year 20_____

_____
_____
_____
_____

20 OCTOBER

♥

Year 20 _____

_____
_____
_____
_____
_____

Year 20 _____

_____
_____
_____
_____

Year 20 _____

_____
_____
_____
_____

Year 20 _____

_____
_____
_____
_____

Year 20 _____

_____
_____
_____
_____

21 OCTOBER

Year 20 _____

_____

Year 20 _____

_____

Year 20 _____

_____

Year 20 _____

_____

Year 20 _____

_____

22 OCTOBER

Year 20 ___

_____
_____
_____
_____
_____

Year 20 ___

_____
_____
_____
_____
_____

Year 20 ___

_____
_____
_____
_____
_____

Year 20 ___

_____
_____
_____
_____
_____

Year 20 ___

_____
_____
_____
_____

23 OCTOBER

Year 20_____

_____
_____
_____
_____

Year 20_____

_____
_____
_____
_____

Year 20_____

_____
_____
_____
_____

Year 20_____

_____
_____
_____
_____

Year 20_____

_____
_____
_____
_____

24 OCTOBER

Year 20____

_____
_____
_____
_____

Year 20____

_____
_____
_____
_____

Year 20____

_____
_____
_____
_____

Year 20____

_____
_____
_____
_____

Year 20____

_____
_____
_____
_____

25 OCTOBER

Year 20 _____

_____
_____
_____
_____

Year 20 _____

_____
_____
_____
_____

Year 20 _____

_____
_____
_____
_____

Year 20 _____

_____
_____
_____
_____

Year 20 _____

_____
_____
_____
_____

26 OCTOBER

Year 20 ____

_____
_____
_____
_____
_____

Year 20 ____

_____
_____
_____
_____

Year 20 ____

_____
_____
_____
_____

Year 20 ____

_____
_____
_____
_____

Year 20 ____

_____
_____
_____
_____

27 OCTOBER

Year 20 _____

_____
_____
_____
_____

Year 20 _____

_____
_____
_____
_____

Year 20 _____

_____
_____
_____
_____

Year 20 _____

_____
_____
_____
_____

Year 20 _____

_____
_____
_____
_____

28 OCTOBER

Year 20 _____

_____
_____
_____
_____
_____

Year 20 _____

_____
_____
_____
_____
_____

Year 20 _____

_____
_____
_____
_____

Year 20 _____

_____
_____
_____
_____

Year 20 _____

_____
_____
_____
_____

29 OCTOBER

Year 20____

Year 20____

Year 20____

Year 20____

Year 20____

30 OCTOBER

Year 20___

_____
_____
_____
_____
_____

Year 20___

_____
_____
_____
_____
_____

Year 20___

_____
_____
_____
_____
_____

Year 20___

_____
_____
_____
_____
_____

Year 20___

_____
_____
_____
_____
_____

31 OCTOBER

Year 20 _____

_____
_____
_____
_____
_____

Year 20 _____

_____
_____
_____
_____
_____

Year 20 _____

_____
_____
_____
_____
_____

Year 20 _____

_____
_____
_____
_____
_____

Year 20 _____

_____
_____
_____
_____
_____

01 NOVEMBER

Year 20 _____

Year 20 _____

Year 20 _____

Year 20 _____

Year 20 _____

---

02 NOVEMBER

Year 20 _____

_____
_____
_____
_____
_____

Year 20 _____

_____
_____
_____
_____
_____

Year 20 _____

_____
_____
_____
_____
_____

Year 20 _____

_____
_____
_____
_____

Year 20 _____

_____
_____
_____
_____

03 NOVEMBER

Year 20 _____

_____
_____
_____
_____
_____

Year 20 _____

_____
_____
_____
_____

Year 20 _____

_____
_____
_____
_____

Year 20 _____

_____
_____
_____
_____

Year 20 _____

_____
_____
_____
_____

04 NOVEMBER

Year 20 _____

_____
_____
_____
_____

Year 20 _____

_____
_____
_____
_____

Year 20 _____

_____
_____
_____
_____

Year 20 _____

_____
_____
_____
_____

Year 20 _____

_____
_____
_____
_____

05 NOVEMBER

Year 20____

_____
_____
_____
_____
_____

Year 20____

_____
_____
_____
_____
_____

Year 20____

_____
_____
_____
_____
_____

Year 20____

_____
_____
_____
_____
_____

Year 20____

_____
_____
_____
_____
_____

06 NOVEMBER

Year 20 _____

_____
_____
_____
_____
_____

Year 20 _____

_____
_____
_____
_____
_____

Year 20 _____

_____
_____
_____
_____
_____

Year 20 _____

_____
_____
_____
_____
_____

Year 20 _____

_____
_____
_____
_____
_____

07 NOVEMBER

Year 20 _____

_____
_____
_____
_____
_____

Year 20 _____

_____
_____
_____
_____
_____

Year 20 _____

_____
_____
_____
_____
_____

Year 20 _____

_____
_____
_____
_____
_____

Year 20 _____

_____
_____
_____
_____
_____

08 NOVEMBER

Year 20 _____

Year 20 _____

Year 20 _____

Year 20 _____

Year 20 _____

---

09 NOVEMBER

Year 20 _____

_____
_____
_____
_____

Year 20 _____

_____
_____
_____
_____

Year 20 _____

_____
_____
_____
_____

Year 20 _____

_____
_____
_____
_____

Year 20 _____

_____
_____
_____

10 NOVEMBER

Year 20 _____

_____
_____
_____
_____
_____

Year 20 _____

_____
_____
_____
_____

Year 20 _____

_____
_____
_____
_____

Year 20 _____

_____
_____
_____
_____

Year 20 _____

_____
_____
_____
_____

11 NOVEMBER

Year 20 _____

_____
_____
_____
_____
_____

Year 20 _____

_____
_____
_____
_____

Year 20 _____

_____
_____
_____
_____

Year 20 _____

_____
_____
_____
_____

Year 20 _____

_____
_____
_____
_____

12 NOVEMBER

Year 20____

_____
_____
_____
_____

Year 20____

_____
_____
_____
_____

Year 20____

_____
_____
_____
_____

Year 20____

_____
_____
_____
_____

Year 20____

_____
_____
_____
_____

13 NOVEMBER

Year 20 _____

_____
_____
_____
_____
_____

Year 20 _____

_____
_____
_____
_____
_____

Year 20 _____

_____
_____
_____
_____
_____

Year 20 _____

_____
_____
_____
_____
_____

Year 20 _____

_____
_____
_____
_____
_____

14 NOVEMBER

Year 20 _____
_____
_____
_____
_____

Year 20 _____
_____
_____
_____
_____

Year 20 _____
_____
_____
_____
_____

Year 20 _____
_____
_____
_____
_____

Year 20 _____
_____
_____
_____
_____

15 NOVEMBER

Year 20 _____

_____
_____
_____
_____
_____

Year 20 _____

_____
_____
_____
_____
_____

Year 20 _____

_____
_____
_____
_____
_____

Year 20 _____

_____
_____
_____
_____
_____

Year 20 _____

_____
_____
_____
_____
_____

16 NOVEMBER

Year 20_____

_____
_____
_____
_____
_____

Year 20_____

_____
_____
_____
_____
_____

Year 20_____

_____
_____
_____
_____
_____

Year 20_____

_____
_____
_____
_____
_____

Year 20_____

_____
_____
_____
_____
_____

17 NOVEMBER

♥

Year 20 _____

_____
_____
_____
_____

Year 20 _____

_____
_____
_____
_____

Year 20 _____

_____
_____
_____
_____

Year 20 _____

_____
_____
_____
_____

Year 20 _____

_____
_____
_____
_____

18 NOVEMBER

Year 20 _____

_____
_____
_____
_____
_____

Year 20 _____

_____
_____
_____
_____
_____

Year 20 _____

_____
_____
_____
_____
_____

Year 20 _____

_____
_____
_____
_____
_____

Year 20 _____

_____
_____
_____
_____
_____

19 NOVEMBER

Year 20____

_____
_____
_____
_____

Year 20____

_____
_____
_____
_____

Year 20____

_____
_____
_____
_____

Year 20____

_____
_____
_____
_____

Year 20____

_____
_____
_____
_____

20 NOVEMBER

Year 20 _____

_____
_____
_____
_____
_____

Year 20 _____

_____
_____
_____
_____
_____

Year 20 _____

_____
_____
_____
_____
_____

Year 20 _____

_____
_____
_____
_____
_____

Year 20 _____

_____
_____
_____
_____

21 NOVEMBER

Year 20 _____

_____
_____
_____
_____
_____

Year 20 _____

_____
_____
_____
_____

Year 20 _____

_____
_____
_____
_____

Year 20 _____

_____
_____
_____
_____

Year 20 _____

_____
_____
_____
_____

22 NOVEMBER

Year 20 _____

_____
_____
_____
_____
_____

Year 20 _____

_____
_____
_____
_____
_____

Year 20 _____

_____
_____
_____
_____
_____

Year 20 _____

_____
_____
_____
_____
_____

Year 20 _____

_____
_____
_____
_____
_____

23 NOVEMBER

Year 20____

_____
_____
_____
_____

Year 20____

_____
_____
_____
_____

Year 20____

_____
_____
_____
_____

Year 20____

_____
_____
_____
_____

Year 20____

_____
_____
_____
_____

24 NOVEMBER

Year 20 _____

_____
_____
_____
_____

Year 20 _____

_____
_____
_____
_____

Year 20 _____

_____
_____
_____
_____

Year 20 _____

_____
_____
_____
_____

Year 20 _____

_____
_____
_____
_____

25 NOVEMBER

Year 20 _____

_____
_____
_____
_____
_____

Year 20 _____

_____
_____
_____
_____

Year 20 _____

_____
_____
_____
_____

Year 20 _____

_____
_____
_____
_____

Year 20 _____

_____
_____
_____
_____

26 NOVEMBER

Year 20 _____

_____
_____
_____
_____
_____

Year 20 _____

_____
_____
_____
_____

Year 20 _____

_____
_____
_____
_____

Year 20 _____

_____
_____
_____
_____

Year 20 _____

_____
_____
_____

27 NOVEMBER

Year 20 _____

_____

Year 20 _____

_____

Year 20 _____

_____

Year 20 _____

_____

Year 20 _____

_____

28 NOVEMBER

Year 20____

_____
_____
_____
_____
_____

Year 20____

_____
_____
_____
_____
_____

Year 20____

_____
_____
_____
_____
_____

Year 20____

_____
_____
_____
_____
_____

Year 20____

_____
_____
_____
_____
_____

29 NOVEMBER

Year 20_____

_____
_____
_____
_____

Year 20_____

_____
_____
_____
_____

Year 20_____

_____
_____
_____
_____

Year 20_____

_____
_____
_____
_____

Year 20_____

_____
_____
_____
_____

30 NOVEMBER

Year 20 _____

_____
_____
_____
_____
_____

Year 20 _____

_____
_____
_____
_____
_____

Year 20 _____

_____
_____
_____
_____
_____

Year 20 _____

_____
_____
_____
_____
_____

Year 20 _____

_____
_____
_____
_____
_____

01 DECEMBER

Year 20____

_____
_____
_____
_____

Year 20____

_____
_____
_____
_____

Year 20____

_____
_____
_____
_____

Year 20____

_____
_____
_____
_____

Year 20____

_____
_____
_____
_____

02 DECEMBER

Year 20 _____

_____
_____
_____
_____
_____

Year 20 _____

_____
_____
_____
_____
_____

Year 20 _____

_____
_____
_____
_____
_____

Year 20 _____

_____
_____
_____
_____
_____

Year 20 _____

_____
_____
_____
_____
_____

03 DECEMBER

Year 20____

_____
_____
_____
_____
_____

Year 20____

_____
_____
_____
_____
_____

Year 20____

_____
_____
_____
_____
_____

Year 20____

_____
_____
_____
_____
_____

Year 20____

_____
_____
_____
_____
_____

04 DECEMBER

Year 20 _____

_____
_____
_____
_____

Year 20 _____

_____
_____
_____
_____
_____

Year 20 _____

_____
_____
_____
_____
_____

Year 20 _____

_____
_____
_____
_____
_____

Year 20 _____

_____
_____
_____
_____

05 DECEMBER

Year 20 _____

_____

Year 20 _____

_____

Year 20 _____

_____

Year 20 _____

_____

Year 20 _____

_____

06 DECEMBER

Year 20____

Year 20____

Year 20____

Year 20____

Year 20____

07 DECEMBER

Year 20____

_____

_____

_____

_____

_____

Year 20____

_____

_____

_____

_____

_____

Year 20____

_____

_____

_____

_____

_____

Year 20____

_____

_____

_____

_____

_____

Year 20____

_____

_____

_____

_____

08 DECEMBER

Year 20____
_____
_____
_____
_____

Year 20____
_____
_____
_____
_____

Year 20____
_____
_____
_____
_____

Year 20____
_____
_____
_____
_____

Year 20____
_____
_____
_____
_____

09 DECEMBER

Year 20 _____

_____

_____

_____

_____

_____

Year 20 _____

_____

_____

_____

_____

Year 20 _____

_____

_____

_____

_____

Year 20 _____

_____

_____

_____

_____

Year 20 _____

_____

_____

_____

_____

10 DECEMBER

Year 20____

_____
_____
_____
_____
_____

Year 20____

_____
_____
_____
_____
_____

Year 20____

_____
_____
_____
_____
_____

Year 20____

_____
_____
_____
_____
_____

Year 20____

_____
_____
_____
_____
_____

11 DECEMBER

Year 20 _____

_____
_____
_____
_____

Year 20 _____

_____
_____
_____
_____

Year 20 _____

_____
_____
_____
_____

Year 20 _____

_____
_____
_____
_____

Year 20 _____

_____
_____
_____

12 DECEMBER

Year 20＿＿＿

_____
_____
_____
_____
_____

Year 20＿＿＿

_____
_____
_____
_____

Year 20＿＿＿

_____
_____
_____
_____

Year 20＿＿＿

_____
_____
_____
_____

Year 20＿＿＿

_____
_____
_____
_____

13 DECEMBER

Year 20 _____

_____
_____
_____
_____
_____

Year 20 _____

_____
_____
_____
_____
_____

Year 20 _____

_____
_____
_____
_____
_____

Year 20 _____

_____
_____
_____
_____
_____

Year 20 _____

_____
_____
_____
_____
_____

14 DECEMBER

Year 20 _____

_____
_____
_____
_____

Year 20 _____

_____
_____
_____
_____

Year 20 _____

_____
_____
_____
_____

Year 20 _____

_____
_____
_____
_____

Year 20 _____

_____
_____
_____

15 DECEMBER

Year 20 ____

Year 20 ____

Year 20 ____

Year 20 ____

Year 20 ____

16 DECEMBER

Year 20 _____

_____

Year 20 _____

_____

Year 20 _____

_____

Year 20 _____

_____

Year 20 _____

_____

17 DECEMBER

Year 20____

_____
_____
_____
_____

Year 20____

_____
_____
_____
_____

Year 20____

_____
_____
_____
_____

Year 20____

_____
_____
_____
_____

Year 20____

_____
_____
_____
_____

18 DECEMBER

Year 20 _____

_____
_____
_____
_____

Year 20 _____

_____
_____
_____
_____

Year 20 _____

_____
_____
_____
_____

Year 20 _____

_____
_____
_____
_____

Year 20 _____

_____
_____
_____
_____

19 DECEMBER

Year 20 _____

_____
_____
_____
_____

Year 20 _____

_____
_____
_____
_____

Year 20 _____

_____
_____
_____
_____

Year 20 _____

_____
_____
_____
_____

Year 20 _____

_____
_____
_____
_____

20 DECEMBER

Year 20____

_____
_____
_____
_____
_____

Year 20____

_____
_____
_____
_____
_____

Year 20____

_____
_____
_____
_____
_____

Year 20____

_____
_____
_____
_____
_____

Year 20____

_____
_____
_____
_____
_____

21 DECEMBER

Year 20____

_____
_____
_____
_____

Year 20____

_____
_____
_____
_____

Year 20____

_____
_____
_____
_____

Year 20____

_____
_____
_____
_____

Year 20____

_____
_____
_____
_____

22 DECEMBER

♥

Year 20____

_____
_____
_____
_____
_____

Year 20____

_____
_____
_____
_____

Year 20____

_____
_____
_____
_____

Year 20____

_____
_____
_____
_____

Year 20____

_____
_____
_____
_____

23 DECEMBER

Year 20 _____

_____
_____
_____
_____
_____

Year 20 _____

_____
_____
_____
_____
_____

Year 20 _____

_____
_____
_____
_____
_____

Year 20 _____

_____
_____
_____
_____
_____

Year 20 _____

_____
_____
_____
_____

24 DECEMBER

Year 20 ____

_____
_____
_____
_____

Year 20 ____

_____
_____
_____
_____

Year 20 ____

_____
_____
_____
_____

Year 20 ____

_____
_____
_____
_____

Year 20 ____

_____
_____
_____
_____

25 DECEMBER

Year 20 _____

_____
_____
_____
_____
_____

Year 20 _____

_____
_____
_____
_____
_____

Year 20 _____

_____
_____
_____
_____
_____

Year 20 _____

_____
_____
_____
_____
_____

Year 20 _____

_____
_____
_____
_____

26 DECEMBER

Year 20 _____

_____
_____
_____
_____
_____

Year 20 _____

_____
_____
_____
_____
_____

Year 20 _____

_____
_____
_____
_____
_____

Year 20 _____

_____
_____
_____
_____
_____

Year 20 _____

_____
_____
_____
_____

27 DECEMBER

Year 20 _____

_____
_____
_____
_____
_____

Year 20 _____

_____
_____
_____
_____
_____

Year 20 _____

_____
_____
_____
_____
_____

Year 20 _____

_____
_____
_____
_____
_____

Year 20 _____

_____
_____
_____
_____
_____

28 DECEMBER

Year 20____

_____
_____
_____
_____

Year 20____

_____
_____
_____
_____

Year 20____

_____
_____
_____
_____

Year 20____

_____
_____
_____
_____

Year 20____

_____
_____
_____
_____

29 DECEMBER

Year 20____

_____

Year 20____

_____

Year 20____

_____

Year 20____

_____

Year 20____

_____

30 DECEMBER

Year 20 _____

_____
_____
_____
_____
_____

Year 20 _____

_____
_____
_____
_____
_____

Year 20 _____

_____
_____
_____
_____
_____

Year 20 _____

_____
_____
_____
_____
_____

Year 20 _____

_____
_____
_____
_____
_____

31 DECEMBER

Year 20____

_____
_____
_____
_____

Year 20____

_____
_____
_____
_____

Year 20____

_____
_____
_____
_____

Year 20____

_____
_____
_____
_____

Year 20____

_____
_____
_____
_____

Made in United States
North Haven, CT
07 July 2023

38687407R00202